U0095244

我们一起解决问题

·AI应用实战丛书·

玩转
ChatGPT
秒变AI写作高手

唐振伟·编著

人民邮电出版社
北　京

图书在版编目（CIP）数据

玩转ChatGPT：秒变AI写作高手 / 唐振伟编著. --
北京：人民邮电出版社，2024.1
　（AI应用实战丛书）
　ISBN 978-7-115-63281-4

Ⅰ. ①玩… Ⅱ. ①唐… Ⅲ. ①计算机应用－写作
Ⅳ. ①H05-39

中国国家版本馆CIP数据核字(2023)第234672号

内 容 提 要

这是一本教你如何使用以 ChatGPT 为代表的 AIGC（生成式人工智能）工具提升写作能力的实用手册。全书共 6 章，内容包括 ChatGPT 辅助写作基础，用 ChatGPT 辅助写作公文，用 ChatGPT 辅助创作文案，用 ChatGPT 辅助创作新媒体、自媒体文章和日常写作，用 ChatGPT 辅助创作毕业论文、学术论文与项目申报书，以及用 ChatGPT 辅助进行文本概括、纠错和翻译。书中提供了大量真实的写作案例，"手把手"教读者玩转 ChatGPT 写作。

本书旨在授人以渔，不仅给人工具，而且教人方法，适合每一位渴望提升写作能力和对 ChatGPT 等 AIGC 工具感兴趣的人阅读。

◆编　　著　唐振伟
　责任编辑　陈斯雯
　责任印制　彭志环
◆人民邮电出版社出版发行　　北京市丰台区成寿寺路 11 号
　邮编 100164　电子邮件 315@ptpress.com.cn
　网址 https://www.ptpress.com.cn
　三河市中晟雅豪印务有限公司印刷
◆开本：880×1230　1/32
　印张：8.25　　　　　　　　　2024 年 1 月第 1 版
　字数：100 千字　　　　　　　2024 年 1 月河北第 1 次印刷

定　价：59.80 元
读者服务热线：（010）81055656　印装质量热线：（010）81055316
反盗版热线：（010）81055315
广告经营许可证：京东市监广登字 20170147 号

推荐序 1

ChatGPT: 驾驭信息海洋，智慧引领未来

在当今信息爆炸的时代，无论是职场人士、自由职业者、学生、老师还是创业者，都面临着信息过载的挑战。随着人工智能的兴起，这一挑战将变得更加严峻。为了有效应对这个问题，我们迫切需要一种能够帮助我们过滤信息、集中注意力于核心问题，并能迅速、准确地找到答案的精准工具。

ChatGPT 正是这样一个强大的工具，其诞生和快速发展对社会生活产生了重要影响，不仅极大地提高了工作效率，而且在一定程度上改变了解决问题的方式，并释放了人工智能的无限创造力。

作为 OpenAI 团队开发的自然语言处理大模型，ChatGPT 基于深度学习和大规模训练数据，能够理解人类语言并生成连贯智能的回答。这一技术极大地提升了工作效率与生活的便利。未来，无论是在商业领域还是在个人工作与生活领域，ChatGPT 都将扮演极其重要的角色，它正在成为商业领域和个人工作与生活领域中不可或缺的辅助工具之一。

在商业领域，ChatGPT 具有广泛的应用潜力。它可以提高客户服务质量，通过与客户的智能对话，提供准确的解答和个性化建议。ChatGPT 还可用于市场调研和消费者洞察，帮助企业了解用户需求、收集反馈意见，并提供定制化产品和服务。

此外，ChatGPT 还可用于自动化流程和任务，如智能助理、自动化客服和机器人助手等。这些应用大幅提高了企业的工作效率，降低了运营成本，并大大提升了客户满意度。最为重要的是，ChatGPT 改变了服务的时间，可以随时随地提供服务，方便快捷。

对个人而言，ChatGPT 同样能够带来巨大改变。它可以帮助我们解答各种问题，提供实时信息和知识支持，快速解决疑惑和困扰。ChatGPT 也是创意和灵感的源泉，通过与之对话，可以激发我们的创造力和创新思维。同时，ChatGPT 还能成为我们的学习伙伴，回答问题，提供解释和指导，帮助我们更好地理解和掌握知识。

作为一个基于深度学习和大规模训练数据的自然语言处理大模型，ChatGPT 拥有强大的语言理解和生成能力，可以为写作提供极大的帮助。换句话说，ChatGPT 可以助力我们快速成为写作高手。

本书的推出为广大写作者提供了一个优秀的工具。ChatGPT 的强大功能可以激发我们的创作灵感，并提供实用的写作技巧和方法，帮助我们成为出色的写作高手。

无论是创作小说、诗歌、故事、散文，还是撰写文案、文章，我们都可以运用 ChatGPT 来提高写作效率和优化创作质量。

然而，我们必须保持清醒的头脑，充分认识到技术的局限性，避免过度依赖 ChatGPT 或其他 AI 技术。科技是为人类服务的工具，而非取代人类思维的存在。

未来，ChatGPT 将和其他 AIGC 工具一起，成为我们生活和工作的伴侣，为我们解码信息海洋，助力我们高效工作、创造更美好的未来。

让我们一同拥抱 AIGC，高效、高质、高能地工作与生活吧！

郑吉敏

去哪儿旅行技术总监、

业务架构 SIG 负责人、人工智能委员会常委

推荐序 2

在这个信息爆炸的时代，写作不再仅仅是表达思想的工具，它已经成为我们与这个快速变化的世界互动的桥梁。唐振伟先生的新书《玩转 ChatGPT：秒变 AI 写作高手》是一部引领时代的杰作，它不仅是一本关于写作技巧的图书，更是一本教你如何利用人工智能改变写作方式的指南。

作为一名多年的人工智能领域的科研工作者，我深知 AI 和 AIGC 工具在现代写作中的重要性。这本书深入浅出地介绍了 ChatGPT 等工具的使用技巧，让读者能够快速掌握并运用这些先进技术来提升写作质量。从公文写作到文案创作，从学术论文到文学创作，本书涵盖了各类写作领域，无论你是哪个行业的专业人士，都能在这里找到宝贵的指导与参考。

更值得称赞的是，唐先生的书不仅教会我们如何使用工具，还教会我们如何思考。在这本书中，你将学会如何将 AI 作为一个助手或一个合作伙伴，而不是一个简单的工具。你将学会如何利用 AI 来激发创意、提高效率。

我强烈推荐这本书给所有希望提升写作水平、拥抱技术创新的读者。不论你的写作水平如何，这本书都将是你写作旅程中不可多得的良师益友。让我们一起跟随唐振伟先生，开启这场令人兴奋的写作与人工智能的融合之旅。

祝各位读者阅读愉快，并从书中获益！

朱晓庆

北京人工智能学会副秘书长

前言

本书主要介绍 ChatGPT 及其他 AIGC（人工智能生成内容）工具在辅助写作方面的应用，特别是与文字工作者、文案工作者、方案起草者密切相关的写作方面的应用。

那么，什么是 ChatGPT？什么是 AIGC？

以下是 ChatGPT 对以上两个问题的两种回答，第一种是简单直接的回答，第二种是生动形象、幽默机智的回答。

ChatGPT 回答一

ChatGPT 是 OpenAI 开发的一种基于 GPT（生成式预训练）模型的聊天机器人。它使用大规模的语料库进行预训练，具备理解和生成自然语言的能力。ChatGPT 可以实现对话式交互，能够回答用户提出的问题、提供信息、完成任务等。

AIGC（人工智能生成内容）是指通过人工智能技术生成文字、图像、音频或视频等形式的内容。这种技术基于深度学习模型，以大规模的数据集为基础，可以生成具有高度逼真度和创造力的内容。AIGC 可广泛应用于各个领域，如文本生成、图像生成、音乐创作等。它可以为用户提供各类创意和信息，辅助内容创作。

（注：以上内容由 ChatGPT 生成，未改动）

ChatGPT 回答二

当谈到 ChatGPT 时，你可以把它想象成你的 AI 小伙伴，他就像是从未来穿越而来的聪明机器人！他的大脑里装满了知识和语言技巧，就像是一本活生生的百科全书。你可以向他提问，寻求建议，或者只是和他闲聊。无论你有什么问题，他总是能以惊人的智慧和幽默来回答你，感觉就像是跟一位超级聪明的朋友在聊天！

至于 AIGC，你可以把它想象成一位天才创意家，但他的身体是用 AI 做的！他可以自由地创造各种类型的内容，无论文字、图像、音频还是视频，应有尽有。他的创作能力源于深度学习模型的训练，所以他不仅可以生成逼真且令人惊艳的作品，还能以幽默的方式给你带来快乐。你只需要告诉他你的需求，他会尽力满足你的创作欲望，帮你实现你的想法和创意。

总而言之，ChatGPT 和 AIGC 就像是两位超级厉害的 AI 伙伴，他们以智能和有趣的方式与我们互动。ChatGPT 就像是我们的聊天伙伴，可以回答问题、提供信息，还能帮助我们完成各种任务。而 AIGC 就像是我们的创意大师，可以创作出令人惊叹的文本、图像、音频和视频作品。让我们欢迎这些伙伴的到来，一起探索未来的无限可能吧！

（注：以上内容由 ChatGPT 生成，未改动）

那么，为什么要学习用 ChatGPT 及其他 AIGC 工具来辅助写作呢？

因为，不学习你就落伍了！

学习 ChatGPT 及其他 AIGC 工具，是因为它们能够为我们带来许多好处，能够让我们在写作过程中更加高效、创意迸发。

首先，ChatGPT 及其他 AIGC 工具可以成为我们的智能助手，为我们提供即时的帮助和反馈。无论是写文章、写作业还是发表自媒体文章，它们都能给我们提供灵感和创意，让我们不再担心思路匮乏。

其次，这些工具可以帮助我们提高写作质量。它们能够纠正语法错误，提供更合适的词汇，并帮助我们组织思路和结构，从而使我们的作品更加流畅、易读，给读者带来良好的阅读体验。

再次，这些工具可以大大节省我们的时间和精力。它们能够快速生成内容，让我们在短时间内完成大量的工作。这对需要在紧迫的截止日期前完成工作的人来说极有价值。

最重要的是，学习 ChatGPT 及其他 AIGC 工具也是紧跟时代潮流的需要。掌握了这些工具将使我们更具竞争力，在写作领域快速脱颖而出；而不学习，就可能被竞争对手超越！

最后，本书的目标是什么？

本书的目标就是授人以渔，给人工具，教人方法，拿来即

用！让每一位写作者借力于以 ChatGPT 为代表的 AIGC 工具，"秒变"写作高手！

本书旨在帮助写作者提升写作效率与水平，在写作质量上实现五个维度的提升，即书中设置的五个小栏目：【让表达更准】、【让用词更妥】、【让语句更顺】、【让逻辑更通】和【让结构更好】，最终，让所有文字工作者的写作水平更上一层楼。

总之，无论你是办公室文员、文案策划，还是编辑记者、自媒体博主、学生、老师或科研人员，抑或是其他文字工作者，只要掌握了这些 AIGC 工具，便能将迅速提升你的写作速度、质量与水平，让你的写作能力实现一次华丽蜕变！

目录

第 2 章 ● 用 ChatGPT 辅助写作公文

第 3 章 ● 用 ChatGPT 辅助创作文案

第 5 章 ● 用 ChatGPT 辅助创作毕业论文、学术论文与项目申报书

第 6 章 ● 用 ChatGPT 辅助进行文本概括、纠错和翻译

第 1 章

ChatGPT 辅助写作基础

1.1　ChatGPT 辅助写作的技术基础

ChatGPT 可以简单地理解为一种智能的对话机器人，它可以帮助人们更好地写作。ChatGPT 使用了很多技术方法，包括深度学习和自然语言处理（Natural Language Processing，简称 NLP）等。

深度学习是一种让机器"学会"理解语言并生成文本的方法。通过大量的训练数据，ChatGPT 可以学会分析和理解人类语言的规律，从而能够回答问题、提供有创意的建议等。

NLP 是指让机器能够处理和理解人类语言的一系列技术。ChatGPT 利用这些技术来帮助它更好地理解用户的输入，并生成准确、通顺的回复。

在使用 ChatGPT 进行辅助写作时，我们首先输入问题或初始内容，然后与它进行对话。ChatGPT 会根据我们的输入生成相关的回复或建议。我们可以通过与 ChatGPT 的对话来引导它生成我们想要的文本，直到满足我们的需求。

ChatGPT 辅助写作可以生成创新的文本，并且能够理解上下文，使对话更加自然流畅。

当然，需要注意的是，尽管 ChatGPT 有很高的准确性，我们仍然需要进行人工编辑和审查，以确保文本的质量和合规性。

1.1.1　语言模型与辅助写作

语言模型是 ChatGPT 及其他大模型辅助写作的核心技术之一。它是一种训练机器学习模型用于预测和生成自然语言序列的方法。具体来说，语言模型可以根据给定的上下文，预测下一个词语或一段文本的概率。

2023 年 8 月 31 日，国内首批通过《生成式人工智能服务管理暂行办法》备案的 AI 大模型共 11 家，其中包括北京 5 家，上海 3 家，广东 2 家，安徽 1 家。北京的有百度的文心一言、抖音的云雀大模型、百川智能的百川大模型、智谱 AI 的智谱清言大模型、中科院的紫东太初大模型；上海的有商汤科技的商汤日日新大模型、MiniMax 的 ABAB 大模型和上海人工智能实验室的书生通用大模型；广东的有华为的盘古大模型和腾讯的混元大模型；还有安徽的科大讯飞星火认知大模型。

这些国产大模型产品涵盖了文本问答、文学创作、多轮对话、知识问答、文本创作等多个领域，能够理解和生成自然语言文本，拥有强大的语言处理能力，可以为各个行业或领域提供智能化解决方案。

从对多个国产大模型的使用测评来看，在辅助写作方面，目前国内表现较好、能力与 ChatGPT 较接近的是百度的文心一言，可以列入第一梯队的还有科大讯飞的星火认知大模型、阿里巴巴的通义千问、360 智脑和基于抖音云雀大模型的聊天机器人豆包。

1.1.2　深度学习算法与辅助写作

深度学习算法在 ChatGPT 辅助写作中发挥着重要作用。ChatGPT 使用了一种称为 Transformer 的深度学习模型。Transformer 模型是一种基于注意力机制的神经网络结构，特别适用于 NLP 任务。

Transformer 模型可以将输入序列进行编码和解码，从而捕捉输入序列中的上下文信息。通过多层堆叠的自注意力机制和前馈神经网络，Transformer 模型可以提取更丰富的语义信息，实现对输入序列的表示和重建。

深度学习算法使 ChatGPT 能够在训练过程中学习到语言的表达方式和文本的潜在规律。它可以根据上下文生成连贯的回复，并且具备一定的创造性，能够产生多样化的文本。

1.1.3　自然语言处理与辅助写作

NLP 是一门研究计算机如何理解和处理人类自然语言的学科，是大模型能够流畅生成准确的回答并辅助写作的技术基础。ChatGPT 辅助写作就是利用了各种 NLP 方法来处理和理解输入的文本。

首先，ChatGPT 使用词嵌入（Word Embedding）技术将单词转换为向量表示，这样可以在模型中更好地处理和比较单词的语义关系。

其次，ChatGPT 使用句法分析（Syntax Parsing）来识别句子的结构和词语之间的依赖关系。这有助于模型更好地理解句子的语法规则和逻辑关系。

最后，ChatGPT 还利用语义理解（Semantic Understanding）方法来理解用户的意图和上下文信息，使模型能够更准确地生成与用户输入相关的回复。

通过 NLP，ChatGPT 可以更好地理解用户的输入，并生成更加准确、连贯的文本回复。

综上所述，语言模型、深度学习算法和 NLP 是 ChatGPT 辅助写作的重要技术基础。它们相互配合，使模型能够生成高质量且具有创造性的文本回复。

1.2　当前主流 AIGC 工具大盘点

1.2.1　当前主流 AIGC 工具

目前，国外主流的 AIGC 工具包括 ChatGPT、Claude、New Bing 等。

1. 大名鼎鼎的 ChatGPT

ChatGPT 是基于人工智能技术开发的生成式 AIGC 工具，主要用于协助人类完成一系列任务。

ChatGPT 是由 OpenAI 公司于 2022 年 11 月 30 日发布的聊天型机器人，它可以通过学习和理解人类的语言来进行对话，还能根据聊天的上下文进行互动，并协助人类完成一系列任务。例如，它可以撰写邮件、论文、脚本，制定商业提案，创作诗歌、故事，生成代码，检查程序错误等。

GPT-4 于 2023 年 3 月 15 日发布，是在 ChatGPT 基础上进一步进化的人工智能工具，它提高了回答准确性，可以识别图片，可以输入更多的文本信息。GPT-4 的核心技术基于 Transformer 的可训练的神经网络，这使它可以在与人类的回答中自动学习，更具有智能特色。GPT-4 目前拥有多模式输入和输出功能及硬核应试能力。

2. 可以与 ChatGPT 相媲美的 Claude

Claude 是一款由 Anthropic 公司开发的 AI 聊天机器人工具。Anthropic 是一家由前 OpenAI 团队成员创立的人工智能初创公司。据测试，Claude 的水平能力接近 GPT-4，在代码、数学、推理方面有重大提升，支持高达 100K token 的上下文。

此外，Claude 也开始面向更广泛的用户群体免费开放，并支持中文使用，其亮点功能包括可一次性上传 5 个 PDF、txt、csv 文档（最大 10MB）并总结核心内容。

3. 微软与 OpenAI 合作推出的 New Bing

2023 年 5 月，微软宣布开放 New Bing 聊天机器人功能。

New Bing 是微软和 OpenAI 的合作成果，提供了 AI 生成图片等新功能，甚至支持插件。New Bing 的核心优势主要体现在以下几个方面。

（1）理解用户的意图和需求。New Bing 能够理解用户的意图和需求，并尝试基于这些需求提供准确和完整的答案，而不仅是提供海量的信息供用户自己筛选。

（2）自然语言交互。通过聊天模式，New Bing 可以与用户进行自然语言交互，回答用户的各种问题，甚至根据用户的需求生成各种内容，如诗歌、代码、歌词等。

（3）适应不同的语言和风格。New Bing 还可以根据用户的语言偏好和风格进行适应性调整，提供更个性化和人性化的搜索体验。

（4）强大的内容生成能力。New Bing 能够利用 GPT 技术的强大生成能力，为用户提供更多有价值和有趣的内容。例如，如果用户想了解某个话题或事件，New Bing 可以为其生成一个简洁明了的摘要。

4. 人人都能用的国内 10 大 AIGC 工具

国内目前可用且已经比较好用的 AIGC 工具主要有文心一言、讯飞星火认知大模型、360 智脑、通义千问、智谱清言、MM 智能助理、百川大模型、天工大模型、面壁露卡、悟道 2.0 等大模型，另外还有能够生成古典格律诗词的九歌人工智能诗词写作系统，能够生成图片、语音和数字人的腾讯智影，以及能够生成图片的触站等。

　　下面简单介绍这 10 个相对成熟、在工作中应用较多的 AIGC 工具，简介内容由各模型自己生成，略有删节或未作改动。

　　（1）文心一言。

　　　　文心一言是一种基于深度学习技术的自然语言处理模型，能够理解和生成自然语言文本，并尝试回答各种问题和提供相关信息。它被广泛应用于智能客服、智能问答、机器翻译、文本生成、文章推荐等领域，能够帮助人们解决问题和创造新的知识。文心一言的技术架构包括多个组成部分，如基于深度学习的自然语言处理模型、基于规则的专家系统和基于机器学习的推荐系统等。尽管存在一些局限性和挑战，如误判和错误、开发和维护成本高以及需要遵守法律和道德规范，但文心一言仍然是一个重要的工具，为人们提供了方便快捷的信息获取和问题解决方式。

　　　　（注：以上内容由文心一言生成，未改动）

　　（2）讯飞星火认知大模型。

　　　　讯飞星火认知大模型是科大讯飞研发的以中文为核心的新一代认知智能大模型，能够在与人自然地对话和互动的过

程中，同时具备以下多种能力。

内容生成能力：我可以进行多风格多任务长文本生成，如邮件、文案、公文、作文、对话等。

语言理解能力：我可以进行多层次跨语种语言理解，实现语法检查、要素抽取、语篇归整、文本摘要、情感分析、多语言翻译等。

知识问答能力：我可以回答各种各样的问题，包括生活知识、工作技能、医学知识等。

推理能力：我拥有基于思维链的推理能力，能够进行科学推理、常识推理等。

多题型步骤级数学能力：我具备数学思维，能理解数学问题，覆盖多种题型，并能给出解题步骤。

代码理解与生成能力：我可以进行代码理解、代码修改及代码生成等工作。

（注：以上内容由星火认知大模型生成，有删节）

（3）360 智脑。

360 智脑是由中国 360 公司研发的大语言模型，是 decoder-only 结构的模型，借鉴了 ChatGPT 模型的实现思路。智脑可以完成文本生成、对话、代码生成、画画等任务，比 ChatGPT 模型拥有更少的参数但更佳的中文性能。智脑的训练语料包含中文和英文、法语等多个语种，最新训练数据截止到 2022 年 12 月，因此知识也截止到这个时间。智脑在多个领域都有应用，如智能客服、智能问答、智能写作等。它可以根据当前日期和时间进行推理回复，为用户提供更加智能化的服务。

（注：以上内容由 360 智脑生成，未改动）

（4）通义千问。

通义千问是阿里巴巴达摩院自主研发的超大规模语言模型，能够回答问题、创作文字，还能表达观点、撰写代码。它是达摩院"通义"大模型系列的最新成果，也是达摩院推动"通义"大模型系列产业化的重要一步。通义千问具有强大的语言生成和理解能力，可以应用于多个领域，如智能客服、文档写作、代码开发等。此外，通义千问还具有跨语言的能力，可以支持多种语言的交互和生成。

（注：以上内容由通义千问生成，未改动）

（5）智谱清言。

智谱清言是一款由智谱 AI 开发的生成式 AI 助手，适用于 Android 设备，现已在各大应用商店上线。该助手具有通用问答、多轮对话、创意写作、代码生成及虚拟对话等丰富能力，旨在为用户提供更智能、更便捷、更高效的个性化内容获取服务。

智谱清言基于智谱 AI 的技术实力，不断完善产品与服务，为广大用户带来更丰富的人工智能产品体验。用户可以通过苹果商店等渠道下载安装，安装应用信息大小约为 10MB。截至 2023 年 8 月 16 日，智谱清言的版本为 1.2.0(build37)，历史版本包括 1.2.0(build36) 和 1.2.0(build35)。

未来，智谱清言还将开放多模态等生成能力，以满足用户在各个领域的需求。

（注：以上内容由智谱清言生成，未改动）

（6）MM 智能助理。

MiniMax 是一家以大模型研究为核心，专注于人工智能技术研发的科技公司。公司成立于 2021 年，拥有顶尖的技术团队和雄厚的研发实力，目前已推出 MM 智能助理、MM 语言模型等多个重量级产品。MiniMax 致力于推动大模型的产业化发展，为各行各业提供先进的人工智能解决方案。

（注：以上内容由 MM 智能助理生成，未改动）

（7）百川大模型。

百川大模型是由百川智能于 2023 年 7 月发布的中国自研大型预训练模型，旨在打造中国版的 OpenAI 基础大模型及颠覆性上层应用，推动中国开源大模型正式进入商用新纪元。

百川大模型已在多个领域取得显著成果，如自然语言处理、计算机视觉、语音识别等。同时，百川智能也在不断探索大模型在更多领域的应用，如医疗健康、金融科技、教育培训等，以期为社会发展贡献力量。

（注：以上内容由百川大模型生成，有删节）

（8）天工大模型。

天工大模型是一个基于深度学习的大型语言模型，由中国科学院自动化研究所和华为公司合作研发。它是目前世界上最大的中文预训练语言模型之一，包含了超过 1.7 万亿个参数，是 GPT-3 的近 10 倍。

天工大模型采用了 Transformer 架构，并使用了自监督学习的方法进行预训练。在预训练阶段，天工大模型使用了海量的中文文本数据，包括新闻、百科、小说等，对中文自然语言的理解能力进行了全面的训练。在预训练完成后，天工大模型可以用于各种自然语言处理任务，如文本分类、命

名实体识别、情感分析、机器翻译等。

天工大模型的发布，为中文自然语言处理领域的研究和应用提供了强大的工具和资源，有望在中文语言理解和生成方面取得更加出色的成果。

（注：以上内容由天工大模型生成，未改动）

（9）面壁露卡。

露卡是由面壁智能和知乎联合研发的语言模型。面壁智能的愿景是"智周万物"，致力于创造安全、普惠的通用智能，让人们的生活变得更好。知乎是中文互联网高质量的问答社区和创作者聚集的原创内容平台，使命是让人们更好地分享知识、经验和见解，找到自己的解答。

（注：以上内容由面壁露卡生成，有删节）

（10）悟道 2.0。

悟道 2.0 是由北京智源人工智能研究院牵头，智谱 AI 等多家机构共同研发的超大规模智能模型，于 2021 年 6 月 1 日发布。该模型参数规模达到 1.75 万亿个，可以同时处理中英文和图片数据。悟道 2.0 的发布标志着中国在大型人工智能模型领域取得了重要突破，对推动人工智能技术的发展和应用具有重要意义。

（注：以上内容由智谱 AI 生成，未改动）

　　使用测评中发现，目前国内 AIGC 大模型中可以下载到手机端来辅助写作的有文心一言、讯飞星火、智谱清言、天工 AI 搜索、360 智脑、豆包等，各种大模型在中文文本生成能力方面逐渐显现出同质化竞争的趋势。当然，基于不同的数据库，不同模型在不同类型的文本生成水平上会存在一定差异。

1.2.2　国内常用的 AIGC 工具对比

　　国内用户常用的 AIGC 工具各自有哪些特点和优缺点呢？

用户提问

　　国内用户常用的 AIGC 工具在辅助写作中各自的特点、优点、缺点是什么？比较 GPT-3.5、GPT-4、New Bing、Claude，以及国内主流 AIGC 工具，以表格形式输出。

ChatGPT 回答

　　以下是对国内一些常用的 AIGC 工具在辅助写作中的特点、优点和缺点的比较。

工具名称	特点	优点	缺点
GPT-3.5	− 基于 GPT-3.5 模型，有较强的文本生成能力	− 广泛的语言理解和生成能力 − 较高的自然语言表达能力	− 在某些情况下可能会生成不准确或不连贯的回答 − 没有定制化功能
GPT-4	− 基于 GPT-4 模型，进一步提升了文本生成质量和多样性	− 更高的文本生成质量和多样性 − 能够生成更加丰富和连贯的回答	− 可能需要更大的计算资源支持 − 目前相对较新，使用者较少
New Bing	− 融合了多个技术模块，包括知识库、对话管理等	− 具备知识图谱和对话管理能力 − 可以与用户进行更深入的交互	− 回答可能受限于知识库的内容和结构 − 某些问题可能回答得过于"机械"
Claude	− 基于深度学习模型，包含了上下文感知和逻辑推理等特性	− 能够进行上下文感知和逻辑推理 − 可以生成具有一定逻辑性的回答	− 在某些情况下可能会失去控制或与用户交互混淆
国内主流 AIGC 工具	− 侧重于中文自然语言处理	− 精细化中文处理能力 − 对中文表达有较高的准确性和连贯性	− 部分工具需要在线调用 API − 功能和性能相对较为有限

需要注意的是，以上仅是对国内一些常用 AIGC 工具的概括性特点、优点和缺点的描述，并不能详尽地涵盖所有方面。选择合适的工具还需结合具体的使用场景和个人需求进

行评估。

（注：以上内容由 ChatGPT 生成，未改动）

文心一言回答

以下是一个关于 GPT-3.5、GPT-4、New Bing、Claude 以及国内主流 AIGC 工具在辅助写作方面的特点、优点和缺点的比较表格。请注意，这些观点是根据现有的知识和理解进行的概括，可能不准确或存在变化。

AIGC 工具	特点	优点	缺点
GPT-3.5	— 基于 Transformer 模型 — 预训练语料库支持	— 自然流畅的文本生成能力 — 强大的上下文理解能力 — 生成的人类文本质量高	— 对某些复杂问题的理解能力有限 — 对某些文化或领域的知识可能不足 — 多语言支持有待加强
GPT-4	— 引入了新的训练方法和硬件设施 — 更深的模型层次和更大的模型容量	— 更快的响应速度和更高的效率 — 更强的推理和创新能力	— 对特定领域的问题的回答可能没有 GPT-3.5 那么自然 — 对某些复杂问题的理解能力可能没有 GPT-3.5 那么深入

（续表）

AIGC 工具	特点	优点	缺点
New Bing	— 由微软开发，结合了 ChatGPT 的技术 — 以聊天的方式进行搜索，创新性的搜索体验	— 搜索与对话双轮驱动 — 强大的上下文理解能力，使对话更流畅	— 相对于 ChatGPT 系列出现较晚，还需观察长期表现 — 在多轮对话中的连贯性和持续性有待观察
Claude	— 采用多模态融合的模型结构 — 对知识图谱和多轮对话进行优化	— 良好的多轮对话能力，能够处理复杂任务 — 更强的推理和创新能力，能够生成高质量文本	— 对非英文语言的支持有待提高 — 在实时响应和大规模部署上可能略有挑战
国内主流 AIGC 工具	— 多数工具基于 BERT 或 GPT 系列模型	— 在中文语境下表现良好，具有本土化特色 — 对中文的语法和语境有深入理解，生成符合中文习惯的文本 — 多数工具提供了 API 接口，方便开发者集成到应用程序中	— 在全球范围内的影响力相对较弱，部分工具的开源程度有待提高 — 在技术的领先性和创新性上可能略逊于 ChatGPT 等工具 — 部分工具的文档和社区支持相对较弱，学习曲线可能较陡峭

请注意，这个表格仅代表一般的观点，具体的优缺点可能因不同的 AIGC 工具和应用场景而有所不同。在选择合适的 AIGC 工具时，建议考虑实际需求、预算、技术水平等因素，并进行详细的比较和评估。

（注：以上内容由文心一言生成，未改动）

1.2.3　如何选择适合自己的 AIGC 工具

用户提问

任何一个 AIGC 创作工具都不完美，也不可能完美，那么如何选择最适合自己写作需求的 AIGC 创作工具呢？对于不同写作类型、不同写作需求的写作者来说，哪些工具更加适用，如何选一件甚至多件"趁手的兵器"呢？

通义千问回答

选择最适合自己写作需求的 AIGC 创作工具，可以从以下几个方面入手。

1. 明确自己的写作类型和需求。首先要明确自己的写作类型，如小说、散文、新闻报道等，以及写作需求，如语法检查、拼写检查、文本生成等。这有助于缩小选择范围，找

到更符合自己需求的工具。

2. 了解各个工具的特点和功能。对于不同的 AIGC 创作工具来说，了解其特点和功能可以帮助你更好地选择。例如，Grammarly 主要用于语法和拼写检查，而 ProWritingAid 则提供更多的文本编辑和优化功能。同时，一些工具可能针对特定类型的写作提供更好的支持，如 Hemingway Editor 适用于简洁风格的写作。

3. 试用和评估。在选择 AIGC 创作工具时，你可以尝试使用不同的工具进行试用，了解其实际效果和用户体验。这有助于你找到最适合自己的工具。此外，你可以查看其他用户的评价和反馈，了解工具的优缺点。

4. 考虑成本和可用性。在选择 AIGC 创作工具时，你还需要考虑成本和可用性。一些工具可能需要付费订阅，而另一些则提供免费试用或完全免费的功能。此外，你还需要确保所选工具在你的设备和操作系统上可以正常使用。

5. 结合个人习惯和喜好。最后，选择 AIGC 创作工具时也要考虑个人习惯和喜好。有些工具可能界面友好，操作简便，适合新手使用；而另一些工具可能功能强大，但需要一定的学习成本。因此，根据自己的喜好和习惯选择工具也是很重要的。

总之，选择最适合自己写作需求的 AIGC 创作工具需要综合考虑多个因素，包括写作类型和需求、工具特点和功能、试用和评估、成本和可用性及个人习惯和喜好。通过深入了解和比较不同的工具，相信你可以找到最适合自己的"趁手的兵器"。

（注：以上内容由通义千问生成，未改动）

ChatGPT 回答

选择适合自己写作需求的 AIGC 创作工具可以根据以下几点进行考虑。

1. 任务类型。首先确定你的写作类型，如小说创作、新闻报道、科技文章等。不同的 AIGC 工具可能对不同类型的写作任务有不同的表现和效果。

2. 功能特点。了解每个 AIGC 工具提供的功能特点，如自动补全、语法修正、文本生成等。根据你的写作需求，选择能够满足你需求并有助于提升写作效果的功能。

3. 用户评价和口碑。查看其他用户对不同 AIGC 工具的评价和使用反馈，了解它们的优点和缺点。这可以帮助你更好地了解工具的实际表现，以及是否适合你的写作需求。

4. 试用和比较。尝试使用不同的 AIGC 工具，并进行比较。你可以在试用期间评估其与你的写作目标的匹配程度，如与你的写作风格是否相符、语言流畅度等。

5. 用户支持和指导。考虑 AIGC 工具是否提供良好的用户支持和指导文档，以及是否有活跃的社区和论坛。这些资源可以帮助你解决使用过程中的问题并提高使用效果。

总之，选择最适合自己写作需求的 AIGC 创作工具需要综合考虑任务类型、功能特点、用户口碑和试用体验等因素。根据个人偏好和需求，可以选择一款或多款工具来满足你的写作需求。

（以上内容由 ChatGPT 生成，未改动）

文心一言回答

选择适合自己的 AIGC 创作工具需要考虑多个方面，以下是一些建议。

1. 了解自己的写作需求。首先，你需要明确自己的写作类型和需求，如是写作小说、散文，还是学术论文等。不同的写作类型对工具的要求也不同。例如，小说可能需要更多的对话和情节，而学术论文需要更多的研究和引用。因此，你需要选择能够满足自己写作需求的工具。

2. 考虑工具的功能性。不同的 AIGC 创作工具具有不同的功能，有的可能更擅长文本生成，有的可能更擅长文本改写或语言翻译。你需要考虑自己所需要的具体功能，以及你对工具的期望。

3. 考虑工具的智能化程度。一些 AIGC 创作工具可能更加智能化，能够自动完成一些任务，如自动纠错、语法检查等。这些工具可能更适合初学者或需要快速完成简单任务的人。而一些更加复杂的任务可能需要更加专业的工具或人工帮助。

4. 阅读其他人的评价。在选择 AIGC 创作工具时，你可以查阅其他人的评价和反馈，了解工具的优缺点和使用体验。这可以帮助你更好地了解工具的性能和适用范围。

5. 尝试使用不同的工具。最后，你可以尝试使用不同的 AIGC 创作工具，以了解哪个工具更适合你的写作需求和习惯。一些工具可能需要一定的学习成本，但是如果你找到了最适合自己的工具，它将会大大提高你的写作效率。

总之，选择适合自己的 AIGC 创作工具需要考虑自己的写作需求、工具的功能性、智能化程度、其他人的评价及自己的使用体验。通过综合比较和权衡这些因素，可以找到最适合自己写作需求的 AIGC 创作工具。

（以上内容由文心一言生成，未改动）

通过比较以上三个 AIGC 工具的回答可以看出，三个大模型给出的建议其实大同小异。

总结一下，选择趁手的 AIGC 工具来辅助写作的标准，首先要考量的是自身的写作需求，其次是工具的功能、特点、智能化程度及对用户的支持与指导，再次是用户的评价与口碑，最后还

要结合自身的习惯与喜好，当然也要考虑使用成本与可用性的问题。

最重要的是，一定要自己上手尝试，试过之后才知道哪一款或哪几款更适合自己，适合的才是最好的！

1.3 AIGC 工具辅助写作的现状与趋势

1.3.1 AIGC 工具辅助写作的发展历程和现状

AIGC 辅助写作是指利用人工智能技术，通过智能算法和大数据处理等方式，为写作者提供辅助和支持，帮助写作者更高效地完成写作任务。

以下是 AIGC 工具辅助写作的发展历程与现状的概述。

初期阶段：早期的 AIGC 工具主要应用于简单的语法纠错、自动填充等功能，如自动拼写检查和自动补全。

中期阶段：随着人工智能技术的发展，AIGC 工具在文本生成上取得了显著进展。基于深度学习的模型如 GPT 开始被应用于辅助写作领域，能够生成连贯、准确的文本段落。

现阶段：当前的 AIGC 工具已经达到了较高水平，如 GPT-3 和 GPT-4 等模型具有更强的文本生成能力和上下文理解能力，能够生成更加流畅、丰富的文章。

现状一：AIGC 工具辅助写作现在能够做什么

（1）提供写作灵感。AIGC 工具可以根据用户提供的关键词或主题生成文本段落，为写作者提供写作灵感和创意。

（2）文本纠错与校对。AIGC 工具可以帮助检查文本的语法错误、拼写错误等，并提供修正建议，提高文章的准确性和可读性。

（3）自动补全和推荐。AIGC 工具能够根据输入的部分文本，预测可能的下文并给出建议，辅助写作者快速完成文章剩余部分的书写。

（4）文章总结与概括。AIGC 工具可以通过理解和归纳大量文本内容，生成文章的摘要、总结或概括，节省写作者的时间和精力。

现状二：AIGC 工具辅助写作现在还不能做什么

（1）创造独特的创意。尽管 AIGC 工具可以生成连贯和准确的文本，但目前仍然无法创出具有独特性和创造力的原创创意。

（2）深度的情感表达。虽然 AIGC 工具可以生成文本，但其在表达深度情感和感情细腻性方面的能力相对有限。

（3）精确的背景知识。AIGC 工具在特定领域的背景知识可能不如专业人士深入和精确，因此在某些专业性较高的领域中，仍需人工核实和修正。

总之，AIGC 辅助写作在提供灵感、文本纠错与校对、自动补全和推荐等方面已经取得显著进展。然而，在创造力、情感表达和专业领域知识等方面仍有限制。

1.3.2　AIGC 工具辅助写作的发展趋势与应用领域

AIGC 工具辅助写作在未来的发展趋势和应用领域将会继续扩展，以下是一些可能的发展趋势和应用领域。

1. 深度个性化

未来的 AIGC 工具可能会更加了解每个用户的喜好、风格和写作习惯，从而能够提供更加个性化的辅助写作服务。它可以根据用户的偏好和需求，自动生成符合用户风格的文本。

2. 创造力支持

虽然目前的 AIGC 工具在创造力方面还有限制，但未来的发展趋势可能会聚焦于提供更多的创造力支持。通过引入更多的创意生成算法和技术，AIGC 工具可以帮助写作者克服创作难题，激发创造力，提供新颖的创意和观点。

3. 多模态辅助

未来的 AIGC 工具可能不仅仅局限于文本生成，还能与其他媒体形式相结合，如图像、音频和视频等。这将使 AIGC 工具能够提供更加多样化和丰富的辅助写作功能，帮助写作者更好地表达思想和观点。

4. 行业专业应用

AIGC 工具辅助写作在不同领域的专业应用也将得到发展。例如，在新闻媒体领域，AIGC 工具可以提供实时的新闻摘要和报道；在法律领域，AIGC 工具可以协助律师起草法律文件和合同；在科技领域，AIGC 工具可以协助撰写技术文档和报告等。

5. 教育和学术研究

AIGC 工具辅助写作在教育和学术研究领域的应用也将得到推广。它可以为学生提供写作指导和反馈，帮助他们提升写作技巧。同时，AIGC 工具还能够辅助学术研究人员撰写论文、研究报告等，提供快速的文献综述和语法纠错等功能。

需要强调的是，随着 AIGC 工具的进步和应用的扩展，我们也应该关注其中的道德和法律问题，确保 AIGC 工具的使用符合伦理要求，遵守相关法律法规，保护个人隐私和知识产权的合法权益。

1.3.3　AIGC 工具辅助写作面临的挑战

AIGC 工具辅助写作在快速发展的同时也面临着一些挑战，以下是其中的几个主要挑战及可能的应对方式。

1. 文本生成的准确性

尽管 AIGC 工具辅助写作已经有了很大的进步，但仍然存在文本生成不准确的问题，可能会造成误解、歧义和错误。为了提高文本生成的准确性，我们应该加强语言模型的训练和优化，增加足够的训练数据，尤其是对于各种语言和行业领域的特定术语和词汇，需要有更全面的覆盖。

2. 创新性和原创性的挑战

当前的 AIGC 工具虽然能够生成连贯和准确的文本，但还无法创作出具有独特性和创造力的原创内容。为了应对这个挑战，我们可以引入更多的创意支持和生成算法，如基于深度学习、模拟演化等技术，提供更多的创意启发。

3. 道德和伦理问题的挑战

AIGC 工具的发展和应用的扩展也会涉及伦理和道德的问题。例如，AIGC 工具产生的内容可能侵犯他人的版权、隐私或其他合法权益。为了应对这个挑战，我们应该遵守相关的法律法规和伦理原则，保护个人隐私和知识产权的合法权益。

4. 语言和文化差异的挑战

AIGC 工具虽然已经有了很大的进步，但仍存在针对不同语言和文化的辅助写作工具的开发和应用。在跨文化和跨语言使用中，AIGC 工具需要适应不同的语言和文化习惯，提供有针对性的文本生成和辅助写作功能。

综上所述，AIGC 工具辅助写作在发展中面临各种挑战，但随着技术的不断进步和创新，这些挑战也将逐渐得到解决。我们需要持续关注 AIGC 工具的发展，适应其带来的变化，并加强法律法规和伦理意识，促进 AIGC 工具在辅助写作领域的应用与发展。

1.4　AIGC 工具辅助写作的优缺点分析

1.4.1　AIGC 工具辅助写作的优点

AIGC 工具辅助写作有如下 3 个优点。

1. 提高写作效率

AIGC 工具可以快速生成大量文本，节省写作者的时间并减少其工作量。

2. 提高文本质量

AIGC 工具具备纠正语法错误、排版错误等能力，可以提高文本的质量和准确性。

3. 多功能性

AIGC 工具不仅支持文本生成，还可以进行翻译、摘要、筛选、分析等操作，具有多种应用场景和功能。

1.4.2　AIGC 工具辅助写作的缺点

AIGC 工具辅助写作有如下 4 个缺点。

1. 缺乏创造性

AIGC 工具生成的文本可能缺乏独特性和创新性，无法提供原创内容。

2. 正确的废话

AIGC 工具生成的文本可能是四平八稳、放之四海而皆准的正确的废话，无法满足个性化需求。

3. 编造虚假信息

AIGC 工具生成的文本可能完全是根据算法编造出来的东西，我们需要对其生成的内容有鉴别能力，进行人工审核。

4. 语体不一致

有时，AIGC 工具生成的文本语气、风格和语调可能与写作者的要求不符，需要进行人工调整。

1.4.3　AIGC 工具辅助写作需要扬长避短

AIGC 工具需要充分扬长避短，才能更好地辅助写作者高效完成工作，给写作者带来更大价值。那么，如何将 AIGC 工具辅助写作的优点发挥到极致呢？

1. 充分了解工具

深入了解 AIGC 工具的功能和设置，掌握其各项功能的使用方法。

2. 准确输入信息

提供清晰、准确的输入信息，以便 AIGC 工具能够生成符合预期的文本。

3. 人工编辑和校对

生成的文本可能存在一定的误差，需要进行人工编辑和校对，以确保文本的准确性和流畅性。

如何将 AIGC 工具辅助写作的缺点规避到极致呢？

1. 借鉴而非依赖

将 AIGC 工具看作是一个辅助工具，而不要完全依赖它。我们可以将 AIGC 工具生成的文本作为参考或起点，结合自身的创造力和思维进行进一步的发展和完善。

2. 仔细校对和编辑

对 AIGC 工具生成的文本进行仔细的审查和校对，修正可能存在的错误或不准确之处。

3. 结合专业知识

针对特定领域的写作，写作者需结合自身的专业知识和经验进行人工编辑和修订，以确保文本的专业性和准确性。

总之，要发挥 AIGC 工具辅助写作的优点，写作者应该充分了解工具、准确地输入信息，并进行人工编辑和校对。同时，要

规避其缺点，写作者应将其视为一个辅助工具而非完全依赖于它，并对其生成的文本进行人工编辑和调整，结合自身的创造力和专业知识进行进一步发展和完善。

第 2 章

用 ChatGPT 辅助写作公文

2.1　辅助公文写作：成为办公室的一支笔

2.1.1　快速生成会议纪要

AIGC 工具在会议纪要写作中具有高效、准确和定制化的优势，可以快速准确地提取会议中的关键信息，避免遗漏或重复，并且可以通过与人类编辑的合作实现机器与人类的协作，提高会议纪要的生成效率和质量。生成会议纪要的具体步骤如下。

1. 准备文件

将会议全程录音或录像，收集相关会议数据、调研数据以及其他必要的信息。

2. 生成文字

选择一个能够支持语音转文字并具有较好准确率的 AIGC 工具。将会议音视频文件导入所选的 AIGC 工具中，让 AIGC 工具对会议音视频文件转文字处理，生成会议的文字记录。

推荐工具：讯飞听见、网易见外、知意字稿、通义听悟、录音转文字助手等。

3. 修改、润色

生成的初始文字记录，可以通过使用 AIGC 工具来帮助修改、润色，以使文本在表达上更加清晰、流畅，用词更加准确和规范。

推荐工具：ChatGPT、文心一言、博特妙笔、笔灵、搭画快写、秘塔写作猫等。

用户提问

> 会议就市政府 20×× 年重点工作目标任务及责任分解进行了讨论。各分管市领导就各自分管领域的工作进行了安排和部署，明确了各项任务的牵头单位和责任单位，强调了各单位要切实履行职责，确保按期完成工作任务。
>
> 请润色上面这段话。

文心一言回答

> 会议就市政府 20×× 年重点工作目标任务及责任分解进行了深入讨论。各位分管市领导就各自分管领域的工作进行了详细安排和周密部署，对各项任务进行了逐一分解，明确了牵头单位和责任单位，强调了各单位要充分认识到自身职责的重要性，以高度的责任感和使命感确保各项任务按期保质完成。
>
> （注：以上内容由文心一言生成，未改动）

【让逻辑更通】

（1）检查逻辑结构。在完成会议纪要文字记录的整理后，我们可以使用 AIGC 工具的检查功能，查看逻辑结构和内容是否清晰、有条理。一些 AIGC 工具可以检测到文本中的逻辑错误，如因果关系、比较和对比、时间顺序等。

（2）优化逻辑结构。根据 AIGC 工具的建议，我们可以对会议纪要的段落结构进行调整和优化。例如，如果 AIGC 工具提示某个段落的逻辑不够清晰，你可以尝试将其拆分成几个小段落，或重新排列某些句子的顺序。

（3）检查语法和拼写。利用 AIGC 工具可以自动纠正常见的语法和拼写错误，使会议纪要更加规范和专业。

4. 人工调整

经过 AIGC 工具修改、润色的文字记录仍需要在人工通读全文后进行整理和修改，以确保记录的准确性和完整性。

2.1.2　辅助编写调研报告

AIGC 工具辅助编写调研报告的优势在于 AIGC 工具可以结合不同的技术和模型，生成更具创意和个性的内容，打破传统的内容框架和规则，为调研报告带来更多的形式和方式上的创新，满足不同场景和目标的需求，增加调研报告的深度和广度。

用户提问

请提供一个扶贫工作调研报告的模板。

ChatGPT 回答

扶贫工作调研报告

一、引言

介绍调研的目的和背景，描述贫困问题的严重性和复杂性，以及扶贫工作的重要性和紧迫性。

二、贫困现状

描述被调研地区的贫困现状，包括贫困人口的数量、分布、致贫原因等方面。提供具体的数据和案例，以说明贫困问题的严重性和复杂性。

三、扶贫措施

详细介绍被调研地区采取的扶贫措施，包括基础设施建设、产业扶贫、教育扶贫、健康扶贫等方面。说明措施的具体内容和实施情况，分析其优点和不足。

四、扶贫成效

根据调研结果，评估被调研地区扶贫工作的成效。提供具体的数据和案例，说明贫困人口的实际受益情况和脱贫成果。结合实际情况，分析成效的原因和问题。

五、问题与挑战

根据调研结果，总结被调研地区扶贫工作面临的问题和挑战。包括贫困问题的复杂性、扶贫措施的不足、社会参与度低等方面。结合实际情况，提出具体的建议和措施。

六、结论与展望

总结调研结果，提出结论和建议。展望未来的扶贫工作，提出具体的期望和展望。

七、附录

提供调研过程中收集的数据、案例、问卷等材料，以供读者参考。

（注：以上内容由 ChatGPT 生成，未改动）

通过该提问方式虽然得到了一个结构完整、逻辑通顺的调研报告模板，但由于给出的信息较少，导致调研报告的主题不明确，内容不完整，这时我们可以给出更多的关键词，让 AIGC 工具给出更详细、完整、准确的答复。

用户提问

县政府现在需要了解 H 村扶贫工作的情况，重点关注该村产业扶贫、教育扶贫、基础设施建设等工作的实施情况，请提供一个扶贫工作的调研报告。

文心一言回答

H 村扶贫工作调研报告

根据县政府关于了解 H 村扶贫工作实施情况的要求，我们重点对该村产业扶贫、教育扶贫、基础设施建设等工作的实施情况进行了调研。通过实地走访、问卷调查、小组讨论等方式，我们获取了大量关于 H 村扶贫工作的第一手数据和信息。以下是我们对 H 村扶贫工作实施情况的报告。

一、背景介绍

H 村位于县域内，是一个较为偏远的山村。由于地理位置偏远、资源有限，H 村经济发展相对滞后，贫困人口较多。在政府的大力扶持下，H 村开展了一系列的扶贫工作，取得了一定的成效。但随着社会经济的发展和扶贫标准的提高，H 村的扶贫工作面临着新的挑战和机遇。

二、扶贫工作实施情况

1. 产业扶贫

在产业扶贫方面，H 村结合当地资源优势，积极发展特色产业。通过引导村民种植果树、中药材等，取得了较好的经济效益，同时，还发展了生态旅游等产业，带动了当地经济的发展。此外，H 村还积极与企业合作，开展订单式农业，为村民提供了更多的增收渠道。

2. 教育扶贫

教育扶贫也是 H 村的重点工作之一。通过"两免一补"、免费职业培训等措施，H 村提高了贫困家庭子女的受教育水平，同时，H 村还积极引导社会力量参与教育扶贫，为贫困学生提供资助和支持。此外，H 村还加强了师资队伍建设，改善了教学设施和条件。

3. 基础设施建设

在基础设施建设方面，H 村开展了大规模的基础设施建设，修缮了村内道路，修建了桥梁和水利设施，改善了村民的出行和生产生活条件。此外，H 村还实施了农网改造、安全饮水等工程，提高了村民的生活质量。

三、扶贫工作效果

1. 经济效益提升（具体内容略）

2. 教育水平提高（具体内容略）

3. 生活质量改善（具体内容略）

（以上内容由文心一言生成，有删节）

【让用词更妥】

根据被调研主体的不同，调研报告可以分为表 2-1 所示的四类。在与 AIGC 工具交互的过程中，我们可以给出足够的、准确的提示词与提示句，以获得准确的答复，具体内容可见表 2-1。

表 2-1　提示词与提示句

调研报告种类	提示词	提示句
消费者调研报告	消费者、需求、行为、购买、偏好、消费习惯、市场细分、产品定位、营销策略、客户满意度	（1）消费者的购买决策过程是怎样的 （2）他们的需求和期望是什么 （3）如何对市场进行细分以更好地满足不同消费者的需求 （4）产品应该如何定位 （5）有哪些营销策略可以有效吸引消费者 （6）如何提高客户的满意度和忠诚度
市场调研报告	市场、行业、竞争格局、市场规模、市场份额、发展趋势、市场增长、市场饱和度、市场细分、竞争优势	（1）该市场的整体发展趋势如何 （2）市场竞争格局如何 （3）哪些企业或品牌在市场中占据主导地位 （4）市场增长的动力来源是什么 （5）市场细分的机会和挑战是什么 （6）如何建立和保持竞争优势
员工调研报告	员工、工作满意度、绩效、薪酬福利、职业发展、工作环境、员工培训、企业文化、员工流失率、激励机制	（1）员工对当前工作的满意度如何 （2）如何评估员工的工作绩效 （3）薪酬福利体系是否合理 （4）员工的职业发展路径和晋升机会如何 （5）员工培训和教育的重要性是什么 （6）如何建立积极的企业文化和氛围 （7）如何设计有效的激励机制以留住人才
社会调研报告	社会问题、社会现象、人口结构、文化习俗、教育水平、经济发展、环境保护、公共服务、社会保障、社会稳定	（1）社会问题的根源和影响是什么 （2）社会现象背后的原因和意义是什么 （3）人口结构的变化趋势会带来哪些影响 （4）教育水平的提高有哪些积极作用 （5）如何平衡经济发展与环境保护 （6）如何提高公共服务的质量和效率 （7）社会保障体系存在哪些问题和挑战

2.1.3　AI + 人工优化：保证公文质量

在实际应用中，AI 可以通过以下方式优化公文的质量。

1. 自动纠错和校对

AI 可以检测并纠正拼写错误、语法错误和语句结构问题，从而提高公文的准确性和流畅度。我们可以使用诸如爱校对、Language Tool 等专门针对文本智能纠错的工具，它们具有较高的准确性且功能全面，可以检查语法和语义错误，并提供修正建议。

2. 提供语言建议

AI 可以根据文件的内容和目的提供合适的词汇、短语和句式建议，使公文更加专业、清晰和精确。我们可以使用秘塔写作猫、公文写作神器、搭画快写等工具进行文章写作辅助，以提供范文、提纲、金句查询，大幅度提升写作效率。

3. 自动化格式和排版

AI 可以自动进行文档的排版，确保文档的一致性和专业性，节省时间和工作量。例如，AI 排版助手可以帮助用户快速、准确地排版，并支持自动调整格式、自动编号、自动添加页眉页脚等功能。

4. 自动生成模板和草稿

AI 可以基于已有的公文样本和需求自动生成合适的模板和草

稿，为写作者提供参考和起草的起点。例如，博特妙笔和 AI 公文写作助手等拥有丰富的素材、范文、模板数据库，能够根据用户提供的主题和需求，从公文模板库中选择合适的模板，自动生成符合规范的公文文本。

5. 数据分析和决策支持

AI 可以分析公文中的数据和信息，为决策提供支持和建议。例如，在政策分析和项目评估时，AI 能够提供相关数据和报告，如 Tableau 可以将公文中的数据和信息转化为图表、图形等可视化形式，帮助用户更直观地了解数据和信息，从而做出更好的决策。

6. 多语言处理

AI 可以支持多种语言的处理和翻译，使公文能够适应不同的语言环境。例如，Microsoft Translator、百度翻译、有道翻译等工具可以支持多种语言的处理和翻译，同时也支持语音翻译和图片翻译等功能。

在公文撰写中，虽然 AI 可以提供很多辅助功能，但人类的经验和专业知识仍然是不可或缺的。AI 只能作为辅助工具，在人工的指导下进行优化和完善。人工优化可以从以下几个方面进行。

1. 内容挑选

（1）明确公文的主题和目的。挑选 AI 生成的内容应该与公文的主题和目的相关，能够有效地传达信息和实现目标。

（2）准确性判断。根据 AI 算法、数据来源、数据质量等方面对 AI 生成的内容进行分析和评估。针对重要的、敏感的公文内容，我们在评估时需要特别谨慎。

（3）查验规范和标准。例如，格式、用语、表述等方面的标准。选用 AI 生成的内容时，我们需要查验内容是否符合这些规范和标准，以保证公文的合规性和专业性。

（4）确定语言表达和风格。在挑选 AI 生成的内容时，我们需要注意其语言表达和风格是否与公文的定位和要求相符合，如是否适合针对特定受众群体、是否符合公文的正式和严谨风格等。

2. 内容整理与组合

在对 AI 生成的公文内容进行挑选之后，我们可以使用以下步骤将其组合整理成我们需要的公文。

（1）筛选和修改内容。根据公文的目的和要求，从 AI 生成的公文内容中选择相关的段落、语句和数据，并进行修改和调整，删除不必要的信息，补充遗漏的内容，对表达不准确或不合适的地方进行修正。

（2）调整格式和排版。根据公文的要求，对选定的内容进行格式和排版的调整，包括设置字体、字号、行距、段距、页边距等，以及插入页眉、页脚、页码等元素。

（3）检查语法和拼写。在组合、整理好公文内容之后，我们

要仔细检查语法和拼写错误。我们可以使用语法检查工具或请他人帮助检查，以确保公文的准确性和流畅性。

（4）审核和签发。在完成公文之后，我们要进行公文的审核和签发。由领导对公文的内容、格式和语言表达等方面进行审核，以确保其符合公司的规范和要求，在确认无误后进行签发并正式发布。

2.1.4　定制化需求：精准设置 AI 提示词

使用 AIGC 工具创作公文时，精准设置提示词可以提高生成公文的准确性和效率。

【让表达更准】

（1）在提示词中明确公文的主题，如"请写一份油茶产业开发项目的可行性研究报告"。

（2）在提示词中描述公文的写作目的，如"请写一份旨在说明人工智能技术在未来企业中的应用和影响的公文"。

（3）在提示词中提供关键信息，如"请写一份关于人工智能技术在医疗保健领域的应用和挑战的公文，并强调该技术在未来将如何改变医疗行业"。

（4）在提示词中给出公文的上下文背景，如"请写一份关于人工智能技术在金融行业的应用和监管的公文，需考虑当前金融监管机构对人工智能技术的关注和政策变化"。

（5）在提示词中提供写作指南，如"请使用第三人称、客观的语言，提供准确的数据和事实支持，避免使用个人意见和主观判断"。

2.2　领导演讲稿：成为领导的得力助手

2.2.1　智能生成：领导演讲稿的提示词设定

设置提示词是一项关键工作，需要我们灵活掌握。在与 AI 合作生成演讲稿时，我们可能需要多次调整提示词，以获得满意的结果。此外，不要忘记审查和编辑 AI 生成的内容，以确保演讲稿的准确性和流畅性。

用户提问

> 我需要为领导写一篇演讲稿，主题为"垃圾分类与回收：提升资源利用效率"，通过本次演讲呼吁大家学习和重视垃圾的分类与回收。请为我生成演讲稿。

ChatGPT 回答

> 尊敬的领导、各位嘉宾、亲爱的同事们：
> 大家好！今天，我非常荣幸能够站在这里，向大家发表

一篇以"垃圾分类与回收：提升资源利用效率"为主题的演讲。在这个迅速发展和资源短缺的时代，垃圾分类和回收是我们所面临的一个重要议题。

首先，让我们来思考一个问题：为什么垃圾分类和回收对我们来说如此重要？在过去的几十年里，我们现代社会的发展带来了大量的废弃物和垃圾。如果不采取有效的措施来处理这些垃圾，它们将会成为环境和资源的巨大负担。

……

最后，我想强调，垃圾分类和回收不仅是一项责任和义务，更是一种机遇和挑战。通过垃圾分类和回收，我们有机会开发新的资源利用模式和产业链条，创造更多的就业机会，推动可持续发展。

让我们携起手来，学习与重视垃圾的分类与回收，共同努力，为建设资源节约型社会、美丽家园贡献自己的力量！

谢谢大家！

（注：以上内容由 ChatGPT 生成，有删节）

这段演讲稿涵盖了垃圾分类和回收的重要性、对环境和资源的影响、个人和社会的责任、行动建议、基础设施和制度的重要性等多个方面，同时涉及垃圾分类和回收的一些关键概念，提供了一个较为综合和合理的观点及行动呼吁，但缺乏具体数据和案例，行动建议不够具体，对社会和政府角色的讨论不充分，对可持续发展方面的讨论不足，**需要进一步调整提示词进行提问。**

【让用词更妥】

（1）演讲稿中缺乏一些具体的数据和案例，我们可以向 AI 提供一些关于垃圾数量、再利用率等方面的具体数据来增加演讲稿的说服力，或要求 AI 举出一些成功的垃圾分类和回收的案例来支持演讲稿中的观点。

（2）由于生成的演讲稿中的行动建议不够具体，我们可以要求 AI 提供更具体的指导，如如何正确分类垃圾，或在家庭和办公场所设立分类垃圾桶等，以获得更详尽的行动建议。

（3）针对讨论不充分或讨论不足的部分，我们可以要求 AI 进一步阐述，如"在推动垃圾分类和回收行动中，您认为社会各界应有哪些具体角色和责任"。

2.2.2　量身定制：贴合领导的语言习惯和表达风格

AIGC 工具创作的演讲稿是基于大量训练数据生成的，可以学习并模仿不同的语言风格。通过设定 AI 提示词并提供相关信息，我们可以尽量使生成的演讲稿符合领导的语言习惯和表达风格。我们可以在对话中明确指出领导的特点，来引导 AIGC 工具生成满足要求的文本。

用户提问

我需要为领导写一篇演讲稿，主题为"垃圾分类与回收：提升资源利用效率"，通过本次演讲呼吁大家学习和重视垃圾的分类与回收。该领导的语言风格较为平易近人，且注重与听众互动，请为我生成一篇合适的演讲稿范文。

ChatGPT 回答

尊敬的各位领导、各位嘉宾，亲爱的朋友们：

大家好！很荣幸能够在这个重要的场合与各位共聚一堂，今天我想和大家分享一个关于垃圾分类与回收的话题。

垃圾分类与回收是我们今天要呼吁大家学习与重视的议题。随着人口的增长和消费水平的提升，垃圾产量也在不断增加。我们每天所面对的垃圾问题已经迫在眉睫，它不仅对我们的环境造成了严重的污染，还浪费了大量的资源。

……

最后，我想请大家思考一个问题：如果我们不采取行动，未来的地球会是什么样子？现在，就让我们一起行动起来，为了美丽的家园，为了更加可持续的未来！

谢谢大家！

（注：以上内容由 ChatGPT 生成，有删节）

对比前文的演讲稿，这一次的提问增加了关于领导语言风格的提示词，AI 生成的演讲稿就改变了风格，如结尾处使用了疑问句，提出了一个供大家思考的问题，这样就比前文的演讲稿增加了与听众的互动环节，更加符合我们提出的要求。

【让用词更妥】

领导演讲时的语言风格可以根据不同的领导风格和个人特点而有所不同。以下是一些常见的领导演讲时的语言风格特点。

（1）正式、官方的语言风格。很多领导在演讲时倾向于使用正式、官方的语言风格，措辞严谨，语气严肃，给人一种庄重感和权威感。

（2）平易近人的语言风格。有些领导在演讲时更注重与听众的互动，采用平易近人的语言风格，措辞简单易懂，语气平和自然，让听众感到亲切和舒适。

（3）幽默风趣的语言风格。一些领导在演讲时喜欢使用幽默风趣的语言风格，适时地插入一些笑话或轻松的话题，引起听众的共鸣和兴趣。

（4）激情洋溢的语言风格。有些领导在演讲时采用激情洋溢的语言风格，用强烈的情感和热情来感染和激励听众，使他们更加投入。

（5）用词精准简练的语言风格。一些领导在演讲时注重用词精准简练，表达清晰明了，尽量避免使用生僻词汇或复杂的语句，使听众更容易理解和接受。

2.2.3 持续优化：考虑不同的场合与受众需求

我们可以根据不同场合和受众需求来优化演讲稿，使演讲稿更符合场合氛围和听众需求，以达到更好的演讲效果。

用户提问

本次演讲的受众群体是某街道的小区居民，演讲稿的内容需要通俗易懂，并加入案例讲解，请生成演讲稿内容。

Chat GPT 回答

亲爱的小区居民们：

大家好！我很高兴能够在这里与大家分享一个非常重要的话题，那就是垃圾分类与回收。今天我想用通俗易懂的语言，通过一些生动的案例，向大家呼吁学习和重视垃圾的分类与回收。

首先，让我们来想象一下这样的场景：如果我们不将垃圾分类，所有的垃圾都被扔进同一个垃圾桶里，那会发生什么呢？我们可以想象一下，整个小区可能会沉浸在臭气熏天的环境中，甚至吸引了许多讨厌的小动物前来觅食。这样的情景，我们肯定都无法接受吧？

……

最后，我想邀请大家一起行动起来，从现在开始，正确分类垃圾，将可回收的资源进行再利用，保护我们的环境，为我们的家园贡献一份力量！

谢谢大家！

（注：以上内容由 ChatGPT 生成，有删节）

当我们在提示词中设定了演讲稿的受众群体后，生成的演讲稿便更加符合我们的需求了。通过列举生活中每天都在接触的实际案例，演讲稿更加符合演讲的场合与受众需求。

【让表达更准】

（1）使用与特定场合相关的提示词，如商务会议、学术研讨会、公共演讲等。这些关键词可以帮助 AI 了解演讲的上下文，并生成与该场合相适应的内容。

（2）在设置提示词时，我们可以考虑受众的特点、兴趣爱好和需求。例如，如果受众是医学专业人士，我们可以使用医学术语或相关领域的专业术语；如果受众是普通大众，我们可以使用通俗易懂的语言和实际生活中的例子。

（3）针对不同的受众需求，我们可以设置情感和口吻相关的提示词。例如，如果希望演讲稿更加鼓舞人心和感人，我们可以

设置诸如激励、希望、改变等提示词；如果希望演讲稿更加中立和客观，我们可以设置诸如事实、数据、研究等提示词。

通过一系列的提问，AI 可以获得更多的信息，从而对生成的演讲稿进行持续的优化和改进。同时，我们还可以将追问得到的信息整合到演讲稿中，以增强其完整性和连贯性。

2.3　职场应用文：助你在职场游刃有余

2.3.1　生成工作计划

工作计划是一个组织或个人在未来一段时间内设定的工作目标、任务、活动和时间安排的详细计划，旨在帮助组织或个人在繁忙的工作中保持有序和高效。

AIGC 工具一方面可以快速生成高质量的工作计划，在节省用户的时间成本的同时提升工作计划的准确性和质量；另一方面可以利用海量的数据和知识，理解和分析工作计划的相关数据，从而更好地制订和优化工作计划。

用户提问

我是一名广告公司的 HR，在今年的年终会议上我需要提供下一年度的工作计划，请问应该怎么写？

ChatGPT 回答

1. 引言和背景

开始工作计划，提供有关广告公司的简要背景信息，包括公司使命、愿景和核心价值观，还可以简要介绍过去年度的绩效和任何重要的变化。

2. 年度目标和关键结果

说明人力资源部门在下一年度的主要目标和关键结果，确保这些目标与公司的战略目标相一致，并且能够量化和衡量。

3. 招聘和人员管理

概述公司计划在下一年度中的招聘需求，包括新职位的数量、技能要求和招聘渠道。

讨论员工管理策略，包括绩效评估、培训和发展计划，以及员工激励和激励计划。

4. 培训和发展

提出员工培训和发展计划，以确保员工能够不断提升他们的技能和知识。

讨论任何新的培训计划、在线学习平台或合作伙伴关系，这些计划可以提供额外的培训资源。

5. 绩效管理

讨论绩效管理策略，包括目标设定、定期评估和反馈，以及员工晋升和奖励计划。

6. 多样性、平等和包容性

提出关于如何促进多样性、平等和包容性的计划，包括招聘和培训方面的措施。

7. 健康和福祉

讨论员工健康和福祉的关键问题，包括福利计划、工作—生活平衡措施和心理健康支持。

8. 预算和资源分配

提供下一年度的预算和资源分配计划，确保人力资源部门有足够的经费和支持来执行计划。

（注：以上内容由 ChatGPT 生成，有删节）

【让结构更好】

不难看出，ChatGPT 提供的工作计划大纲相对较为概括，实际工作计划需要更具体的细节，这时我们不妨换一个 AIGC 工具，用同样的提问方式进行提问，看看能否得到更符合要求的答复。

文心一言回答

×× 广告公司 HR 部门工作计划

一、工作目标和关键成果

1. 提升员工满意度和效率：通过优化招聘、培训和员工关系管理，提高员工的满意度和工作效率。

2. 实现人才发展：通过制定明确的职业发展路径和培训

计划，促进员工的个人发展和留任。

3. 优化企业品牌形象：通过有策略的公关活动和企业文化建设，提升公司的品牌形象。

4. 健康的企业文化：通过定期的团队活动和开放的沟通，打造健康、积极的企业文化。

二、具体行动计划

1. 员工招聘和培训

- 制订详细的招聘计划，明确职位需求和应聘者的资格条件。
- 设计和实施新员工培训计划，确保他们快速融入公司文化和工作环境。
- 与业务部门配合，提供定期的职业技能培训，提升员工的业务能力。

2. 员工关系管理

- 每季度进行员工满意度调查，了解员工需求并制定相应的改进措施。
- 有效处理员工问题和纠纷，维护公司的良好形象。
- 制定合理的员工激励机制，提高员工的工作积极性。

3. 品牌形象和公关活动

（注：以上内容由文心一言生成，有删节）

2.3.2 生成工作总结

工作总结是职场中常见的公文写作形式之一，它是对过去一段时间内工作的回顾和评价。这种总结可以帮助人们了解自己或团队的工作进展、成果和不足，从而在接下来的工作中更好地规划和管理时间，提高效率。

使用 AIGC 工具写工作总结可以提高写作效率，快速生成大量高质量内容；同时，AIGC 工具也可以帮助用户自动纠错、审查语法并提供文本提示和建议，避免语法错误和重复表达，增加工作总结或项目总结的创意和个性。

用户提问

我是公司的市场部经理，公司主营智能家居业务，上半年由于决策失误，导致线上营销力度不够，仅仅完成业绩要求的一半，请根据这些信息为我写一份半年度工作总结。

ChatGPT 回答

尊敬的公司领导，

我是市场部经理，我要对上半年度的工作进行诚恳的总结和回顾，同时提出未来改进计划，以确保我们的智能家居业务能够取得更好的成绩。

上半年度回顾

决策失误

上半年度，我们不得不面对决策上的失误，这导致了一系列问题，影响了我们的线上营销计划。我们未能准确预测市场需求和竞争局势，这导致了销售业绩未达预期。

线上营销不足

我们承认，在上半年度，我们的线上营销力度不够，未能充分利用数字渠道，如社交媒体和在线广告，来推广我们的智能家居产品。这造成了我们在线上市场份额的损失。

上半年度成就（略）

未来改进计划（略）

（注：以上内容由 ChatGPT 生成，有删节）

除了日常或年度的工作总结，AIGC 工具还可以辅助撰写针对具体项目的总结。项目总结的重点在于总结项目实施过程中的经验教训，总结成功与不足之处，以便在今后的项目中更好地进行管理和优化。

用户提问

× 公司营销部门结束了夏季促销活动营销宣传项目，该项目成功吸引了消费者，请问项目总结应该怎么写？

文心一言回答

项目名称：×公司夏季促销活动营销宣传项目

项目背景与目的

×公司为了提高夏季促销活动的知名度和销售额，决定开展一场全面的营销宣传活动。该项目旨在通过创新的营销策略和宣传手段，吸引更多的潜在客户，提高活动期间的销售额和品牌知名度。

项目内容

制定营销策略：结合×公司的品牌形象和目标客户群体，制定了包括广告、社交媒体、线下活动等多个宣传策略。

创意设计：制作了一系列具有吸引力的宣传海报、广告视频和社交媒体素材，以吸引消费者的关注。

宣传渠道拓展：在多个平台和渠道进行广告投放，包括电视、广播、杂志、户外广告等，同时也在社交媒体平台上进行了推广。

线下活动策划：组织了一场名为"夏日狂欢"的线下促销活动，吸引了大批消费者的关注和参与。

效果评估与调整：通过数据分析和监测，及时调整了宣传策略和内容，以强化宣传效果。

项目成果

销售额增长：通过本次营销宣传活动，×公司夏季促销活动的销售额比去年同期增长了 30%。

品牌知名度提升：在活动期间，×公司的品牌知名度得到了显著提升，关注度提高了 50%。

客户反馈积极：消费者对×公司的夏季促销活动评价积极，对活动的内容和形式都表示了高度的认可。

项目亮点

创新性营销策略：通过多元化的宣传手段和渠道，提高了×公司夏季促销活动的曝光率和知名度。

有针对性的创意设计：针对不同的宣传渠道和目标客户群体，制作了具有吸引力的宣传内容和素材，提高了宣传效果。

线下活动的策划与执行：通过"夏日狂欢"这一主题，成功地吸引了大批消费者的关注和参与，提高了品牌知名度。

（注：以上内容由文心一言生成，有删节）

【让表达更准】

在向 AIGC 工具提问时，我们要注意明确主题，并向 AIGC 工具提供工作职责、参与的项目、目标设定、实际结果等相关背景信息，以便 AIGC 工具提供更准确的回答。

如果 AIGC 工具给出的答案不够详细具体、内容不准确、意思模糊不清，我们可以通过继续追问获得更丰富和准确的内容，

如"请说得详细一点""请就 ×××这一点多说一些"等。

2.3.3　生成述职报告

述职报告是指一份对自己工作表现和业绩的总结报告。它主要用于向领导或上级部门汇报工作进展、成绩和经验，同时也会向上级部门提出自己的建议和意见。

相比人工写作，利用 AIGC 工具可以更好地节省时间和成本，自动化生成高质量报告，拓展报告的范围和深度，提高报告的质量和可读性，增加报告的价值和影响力，并更加准确地把握你的需求和期望。

用户提问

我是物业公司新上任一年的行政主管，现在我需要写一份年度述职报告，请问报告应该包括哪些内容？

ChatGPT 回答

作为物业公司新上任一年的行政主管，您的年度述职报告应该包括以下内容。

工作回顾

在这一部分中，您可以概述您在过去一年中所承担的各项任务和项目，以及您如何协调各部门之间的工作。您可以谈论您如何致力于提高团队协作和沟通能力，并描述您如何为公司节省成本和提高效率。

工作成果展示

在这一部分中，您可以展示您在过去一年的工作中所取得的成果和业绩。这可以包括您完成的项目、节省的金额或提高的效率等具体数据和案例。同时，您也可以强调您在工作中所面临的挑战以及如何克服这些挑战。

遇到的困难和挑战

在这一部分中，您可以诚实地谈论您在过去一年中所遇到的工作中的困难和挑战。您可以分析这些问题，尝试找出根本原因，并讨论您如何计划在未来克服这些问题。

未来展望

在这一部分中，您可以讨论您对未来一年的计划和目标。您可以提出您计划推行的行政管理改革、提高工作效率的措施以及您希望达成的具体目标等。同时，您也需要讨论您如何计划应对潜在的工作中的困难和挑战，并提出具体的建议和方案。

总结

在总结部分，您可以强调您在过去一年中所取得的工作成果和对未来的展望。同时，您也可以表达您对公司的忠诚和热爱，以及对未来工作的热情和信心。

（注：以上内容由 ChatGPT 生成，未改动）

上述回答其实已经非常全面了，它涵盖了物业公司行政主管年度述职报告的主要内容，但仍存在可以改进的地方，如上述回答中提到了展示具体数据和案例，这些内容可能需要更具体的描述。这时，我们可以通过增加提示词，让 ChatGPT 为我们生成更准确的答复。

用户提问

请为我提供一个结构完整、逻辑清晰，且展示了具体数据（采购成本降低 10%、文件查询时间缩短 30%）的年度述职报告。

ChatGPT 回答

引言

我是贵公司新上任一年的物业公司行政主管，负责协调和监督公司的日常行政管理工作。在过去一年中，我与团队紧密合作，致力于提高公司的工作效率和质量，同时注重控制成本。以下是我过去一年的工作回顾、工作成果展示、遇到困难的解决过程和未来一年的展望。

工作回顾

在过去的一年中，我主要负责公司的文件管理和会议组织工作。我首先对公司的文件管理制度进行了全面的梳理和优化，明确了文件存档和查询的流程。通过这一系列的改进，我们成功地将文件存档率提高到 98%，文件查询时间缩短了 30%。

工作成果展示

在过去的一年中，我与团队共同努力，取得了以下成果：

- 通过文件管理制度的优化，我们成功地提高了文件的存档率和查询时间；
- 通过有效的协调和沟通，我们成功地提高了会议的效率和质量；
- 通过物品采购计划的制订和执行，我们成功降低了 10% 的采购成本。

遇到困难的解决过程

在过去的一年中，我遇到了一些困难和挑战。其中最大的问题是协调各个部门之间的沟通和合作。为了解决这个问题，我采取了以下措施：

- 定期组织跨部门会议，促进信息共享和交流；
- 建立有效的信息传递机制，确保信息的及时传递和跟进；
- 对重要文件进行集中管理和审核，保证信息的准确性

和一致性。

未来一年的展望

在未来的一年中，我计划进一步优化公司的行政管理流程，提高工作效率和质量。具体计划包括：

- 推行数字化管理，提高文件存档和查询的自动化程度；

- 建立更有效的协调机制，促进各部门之间的合作和交流；

- 开展物品采购的长期合作计划，进一步降低采购成本。

（注：以上内容由 ChatGPT 生成，有删节）

【让用词更妥】

首先，在提问时，你应当尽可能提供足够的信息和背景，包括你在公司中的角色、职责及年度目标和计划等。这有助于 ChatGPT 更好地了解你的具体情况和需求，从而为你提供更具针对性的建议和指导。

其次，务必明确你的目标和重点，考虑哪些成果和计划对你的工作最重要，并将这些内容作为重点进行讨论，同时，提供你所取得的具体成果、数据和案例，以便 ChatGPT 能够帮助你将这些成果转化为有说服力的报告。

2.3.4　生成市场调研报告

市场调研报告是一种详细而深入地研究特定市场的商业活动的报告。它涉及市场趋势、市场规模、市场组成、消费者行为、竞争情况等各方面的信息。

一份好的市场调研报告通常具有高质量的数据、清晰的分析、准确的预测，以及对市场的深刻理解。通过 AIGC 工具来生成市场调研报告可以提供快速的分析和总结，帮助你了解市场动态、竞争对手和顾客需求。

用户提问

假设你打算进入螺蛳粉市场销售螺蛳粉，请问你会怎么进行市场调研？请给出一份详细的市场调研报告。

ChatGPT 回答

市场调研报告：螺蛳粉市场分析

摘要

本市场调研报告旨在为螺蛳粉市场进入提供深入洞察。报告包括竞争环境、目标市场、消费者需求、供应链情况、定价策略和市场趋势等方面的详细信息，以便制定有效的市

场进入策略。

1. 竞争环境分析

目标市场：我们选择的目标市场是 [城市/地区名称]。

竞争对手：目标市场内已存在多家螺蛳粉供应商，其中包括 [竞争对手名称]。

竞争对手的特点如下。

位置：竞争对手分布在城市各个区域，但主要集中在市中心和繁华地带。

菜单：竞争对手的螺蛳粉菜单涵盖了多种口味和配料选择，包括香辣、酸辣、拌面、凉粉等。

价格：竞争对手的价格范围从 [最低价] 到 [最高价] 不等。

竞争对手的优势：部分竞争对手在市场上有较高的知名度和忠实客户群。

竞争对手的不足之处：一些竞争对手服务速度较慢，有些顾客抱怨质量不稳定。

（以下内容略）

（注：以上内容由 ChatGPT 生成，有删节）

【让结构更好】

ChatGPT 提供了一个简明而全面的市场调研报告，涵盖了大多数的关键信息。这个回答结构清晰，容易阅读和理解。然而，它没有提供具体的调研数据或调查结果，需要更多的定量信息来支持分析。

所以我们向文心一言提出同样的问题，并比较 ChatGPT 和文心一言的回答和各自的优缺点。

文心一言回答

螺蛳粉市场调研报告

一、市场概述

螺蛳粉是一种以螺蛳肉为主要配料，搭配酸豆角、花生、腐竹等食材，口感鲜美独特的地方特色小吃，主要生产地在中国南方，特别是广西、广东、湖南等地。近年来，随着互联网的传播，螺蛳粉市场也在不断扩大。

二、市场分析

市场需求：根据调查，螺蛳粉的消费人群主要集中在年轻人，特别是"90后"和"00后"，他们对新奇、独特的食物更感兴趣；在地域上，南方地区的消费者更倾向于购买螺蛳粉。

市场竞争：当前螺蛳粉市场已有多个品牌，如好欢螺、螺霸王、李子柒等，这些品牌已经积累了相当的品牌影响力和市场份额，但是，还有许多地方品牌和小作坊也在生产销售螺蛳粉，这些品牌的价格相对较低，对市场也有一定影响。

三、市场调研

（以下内容略）

（注：以上内容由文心一言生成，有删节）

文心一言的回答提供了一个更加详细的市场调研报告，同时还提供了一些定性和定量的调研结果，如消费者需求、购买意愿等。这个回答较为细致，有助于更深入地了解市场情况，缺点是稍显冗长，需要更好地组织结构以提高可读性。

综合来看，ChatGPT 和文心一言的回答各有优劣，提问者可以根据实际需求，整合两者给出的内容，形成质量更高的市场调研报告。

第 3 章

用 ChatGPT 辅助创作文案

3.1　策划文案：让你秒变策划高手

3.1.1　打造"爆款"：生成产品卖点

ChatGPT 的优势在于它可以利用人工智能的强大能力，结合海量的数据和信息，为你提供最新、最热、最有趣、最有意义的文案主题和内容。ChatGPT 可以根据你的需求和喜好，基于人工智能进行文案策划，通过海量分析帮你明确你希望实现的策划目标和方向是什么。

用户提问

> 公司需要策划一场品牌联名活动，需要写一份活动文案，请帮我列举品牌文案策划的方向。

ChatGPT 回答

> 针对品牌联名活动的文案策划方向，你可以从以下几个角度进行考虑。
>
> 1. 共同理念 / 品牌故事。将联名品牌的历史、文化、理念与消费者分享，通过让观众了解品牌故事和发现共同点，来打造出品牌间的"灵魂契合"，从而更接近消费者。
>
> 2. 联名产品卖点。详细介绍联名产品的优势和卖点，以

及产品背后的故事，可以加入一些有趣、新颖的元素，如限量款式、独特的包装等，引起消费者的兴趣并提高其购买欲望。

3.活动主题 / 互动体验。通过创意丰富的活动主题和多种趣味性的互动体验引起消费者的注意，让他们更接近品牌，激发他们的兴趣。例如，可以设计拍照互动游戏，设置摆拍区等，让消费者在活动中能够获得身心愉悦的体验。

4.社会责任。通过品牌联名活动来展现企业的社会责任感，并与消费者共享义务感，如公益慈善、环保等，通过品牌联名活动来提高消费者对品牌的好感度，强化品牌形象。

5.品牌效应。强化品牌联名的效应，引起消费者的关注和热议，达到品牌推广效果，可以利用媒体宣传、社交媒体在线互动等方式扩散品牌信息，提高品牌知名度和美誉度。

希望这些方向可以为您提供一些文案策划的灵感。当然，针对实际活动的不同特点和目标，文案也需要有所调整和创新。

（注：以上内容由 ChatGPT 生成，未改动）

通过对 ChatGPT 的提问与追问，能够让我们在文案策划方向的框架和思路上更加清晰，在此基础上结合我们的需求对策划方向进行进一步的深化和补充，不断优化，直到得到符合需求的文案。

【让表达更准】

如果想让 ChatGPT 回答的内容更具有实用价值，我们可以结合需求对策划方向进行追问，如"请举例说明品牌故事在文案策划方向中的具体体现"，持续引导 ChatGPT 工具向更具象、更符合现实的方向进行回答。

你可以利用 ChatGPT 给出的方向，详细思考活动的目标是什么，究竟是增加品牌知名度、提高销售额还是推广新产品，并在此基础上丰富提问的维度，这样可以更好地制定文案的策划方向。

3.1.2　明确需求：做出用户画像

用户画像是对目标用户进行描述和概括的工具，包括他们的个人特征、兴趣爱好、行为习惯等信息。

使用 ChatGPT 分析用户画像能够帮助我们在策划文案时更好地了解目标用户的需求和偏好，从而有针对性地制定营销策略和创作文案。ChatGPT 可以通过用户画像中的信息，准确地定位目标受众，从而提高文案的相关度和吸引力。

用户提问

> 公司需要策划一场品牌联名活动，我需要写一份活动文案，请帮我初步分析用户画像。

ChatGPT 回答

当策划一场品牌联名活动时，初步分析用户画像是非常重要的。尽管我无法实际获取用户数据，但可以根据常见情况提供一些可能的用户画像分析。

1. 年龄段。根据品牌和活动的特点，目标受众可能具有不同的年龄段特征。例如，如果是与时尚品牌合作的活动，目标受众可能更年轻，年龄在 20～35 岁。

2. 兴趣爱好。考虑到品牌联名活动的性质，目标受众可能对品牌、时尚、文化艺术、音乐等感兴趣。他们可能喜欢追求个性化、独特和时尚的事物。

3. 社交媒体使用习惯。目标受众可能经常使用社交媒体平台，如微信、微博等。他们可能关注时尚潮流、品牌信息，同时也积极参与社交媒体上的互动和分享。

4. 购买决策因素。目标受众可能注重品牌形象和产品质量，并且更倾向于购买有特殊合作或限量版商品的产品。他们可能对独特、限量或独家优惠有较高的兴趣。

以上只是一个初步分析，具体的用户画像需要根据品牌、活动定位和目标市场进行进一步的调研和分析。了解目标用户的特点和偏好对撰写活动文案及制定相关营销策略非常重要，可以帮助您更好地吸引目标受众。

（注：以上内容由 ChatGPT 生成，未改动）

通过与 ChatGPT 的对话，我们可以获得更多关于目标用户群体的信息和特征，帮助我们更准确地判断他们的喜好和需求。根据这些信息，我们可以进一步优化和完善策划方案，以确保我们的活动吸引到最符合目标用户画像的受众，并提供有价值的体验活动，从而达到预期的营销目标。

但同时，ChatGPT 的回答也存在诸多不足，如给出的回答太过宽泛，与品牌实际的用户属性存在偏差等，我们在后续追问时需要提供更多与品牌信息相关的背景内容，丰富提问方式。

【让结构更好】

向 ChatGPT 进行提问时，我们可以用更具体的问题描述优化提问，如品牌名称、联名方、活动主题和目标市场等信息，那么 ChatGPT 就能更准确地分析目标用户画像，提供相关度更高的策略和建议。

优化用户提问

> 公司需要策划一场品牌联名活动，我需要写一份活动文案，请帮我初步分析用户画像。该品牌为全球知名化妆品品牌，本次活动主题为情人节专场联名活动，目标人群以情侣、夫妻为主，请帮我再次分析用户画像。

ChatGPT 回答

　　针对情人节专场联名活动，目标人群主要是情侣和夫妻，我们可以进一步分析用户画像如下。

　　1. 年龄范围。25～45岁的年轻夫妇和情侣。这个年龄段的人通常是处于事业稳定期或婚姻关系稳定期的人群，他们更注重品质生活和浪漫体验。

　　2. 性别。男女均可。由于活动是为情侣和夫妻举办的，所以吸引不同爱好、需求和兴趣的人群参加很重要。

　　3. 兴趣爱好。注重个人形象和外观的人，对美容、化妆品和时尚有一定的追求。他们关注最新的时尚潮流，喜欢参与浪漫活动和享受二人世界。

　　4. 婚姻状态。已婚或稳定恋爱关系。这个活动的目标是为那些已经建立了牢固关系或陷入浪漫氛围的情侣提供一个共同参与的机会。

　　5. 收入和消费能力。具有一定的经济实力和购买力。这个人群更愿意为自己和伴侣购买高质量的化妆品和奢侈品，以及参加有特色的浪漫活动。

　　通过深入了解目标用户画像，可以帮助我们更好地制订合适的活动计划和撰写针对性的活动文案，吸引目标人群的关注并提高他们参与活动的意愿。

　　（注：以上内容由 ChatGPT 生成，未改动）

补充品牌名称、联名方、活动主题和目标市场等信息将极大地提升 ChatGPT 回答的质量。这些细节将使 ChatGPT 能够提供更准确、实用和个性化的分析及建议，帮助用户更好地策划和执行品牌联名活动。

3.1.3　优化策略：分析竞争态势

竞争态势分析是对市场中竞争产品的现状和趋势进行评估和比较的过程。它包括对竞争对手的产品特点、定位、市场份额、竞争优势等方面的调研和分析。

ChatGPT 可以分析竞争产品的特点和优势，通过了解竞争对手的文案手法和定位策略，我们可以在文案中突出自身产品的独特卖点和差异化优势，吸引目标用户的注意力。

用户提问

公司需要策划一场品牌联名活动，我需要写一份活动文案，请帮我分析市场中竞争产品的竞争态势情况。

ChatGPT 回答

分析市场中竞争产品的竞争态势情况，以下是几个关键角度。

1. 市场占有率。了解竞争对手在目标市场的市场占有率

和地位。这可以通过市场调研、销售数据和行业报告等渠道获取。通过比较不同竞争对手的市场份额，可以评估他们的相对竞争力。

2.产品差异化。分析竞争产品与自身品牌的产品差异化程度。考察竞争对手的产品特点、功能、质量、价格等方面，并与自身品牌的产品进行比较。这有助于确定自身品牌在市场中的优势和劣势。

3.市场趋势和新兴竞争对手。关注市场的发展趋势以及新兴竞争对手的崛起。了解市场是否存在新技术、新产品或新玩家，并评估它们对市场格局和竞争态势的潜在影响。这可通过行业分析、趋势报告和专业咨询等途径获取。

通过综合分析这些因素，您可以获得更全面的竞争态势情况。这将为撰写活动文案提供参考，帮助您确定如何突出自身品牌的优势、迎击市场竞争，并在活动中制定策略以吸引目标用户并增强市场地位。请注意，具体分析需要更多详细的市场情报和数据支持。

（注：以上内容由 ChatGPT 生成，未改动）

通过与 ChatGPT 的对话，我们可以获取更多有关竞争产品的信息和特征，从而更准确地分析市场竞争态势。这有助于我们深入了解竞争对手的优势和劣势，并提供有针对性的策略来应对市场挑战，以实现我们的营销目标。

但 ChatGPT 的回答明显过于笼统和抽象，在回答营销类问题时可能难以应对复杂和多变的情况，需要我们进一步细化追问。

【让表达更准】

如果你想获得更加具体、准确、有针对性的竞争态势分析，你可以在对 ChatGPT 提问时明确指定想要了解的竞争对手，这样 ChatGPT 可以更有针对性地分析竞争对手与目标市场的关系。例如，你可以提供行业内一些具体竞争品牌的名称，以便 ChatGPT 进行深入的比较和分析。

除此之外，在向 ChatGPT 追问时，我们还可以细化多重分析维度，明确希望从哪些方面分析竞争态势情况。例如，我们可以告诉 ChatGPT 分别从市场份额、产品特点、定价策略、营销活动等维度进行更有针对性的分析。

3.2　营销文案：帮你打造"爆款"文案

3.2.1　打造"爆款"：生成产品卖点

产品卖点是使产品在市场中脱颖而出、吸引消费者购买的独特特点或优势。它是将产品与竞争对手的产品区别开来的关键因素，可以帮助消费者理解并决定购买该产品。

ChatGPT 可以帮助你生成产品卖点的具体语言和文案。你可以通过提供相关信息和要求，使用 ChatGPT 生成吸引人的产品

描述、广告口号或宣传标语等，以帮助你更好地展示产品的独特之处。

用户提问

> 现在，请你假设自己是某食品公司零食品牌的市场部专员，贵公司想要打造一款爆品猪肉脯，请你总结这个零食单品的产品卖点。

ChatGPT 回答

> 作为某食品公司零食品牌的市场部专员，我很乐意帮助您总结一款爆品猪肉脯的产品卖点。以下是该零食单品的几个潜在卖点。
>
> 1. 鲜美口感。该猪肉脯以选用优质猪肉并经过精心制作而闻名。它具有韧性和嚼劲，肉质鲜嫩多汁，让消费者一口咬下便能体验到浓郁的肉香。
>
> 2. 独特风味。我们的猪肉脯采用独特的调味配方，融合了多种香料和传统烹饪技艺，使产品具有独特的风味，能够满足消费者对创新与变化的需求。
>
> 3. 健康营养。为了迎合现代消费者对健康食品的需求，我们的猪肉脯注重健康营养，采用低温烘烤工艺，不添加防腐剂和人工色素，保留了肉质的原汁原味，且富含优质蛋白

质和维生素。

4. 便携方便。猪肉脯是一款便携零食，可以随时携带并享用。无论是在上班途中、户外活动中还是休闲娱乐时间里，消费者都可以轻松地品尝到美味的猪肉脯。

5. 多样口味。我们提供多种口味的猪肉脯，如原味、麻辣味、香辣味、蜜汁味等，以满足不同消费者的口味喜好。

这些卖点将有助于突出您公司打造的爆品猪肉脯的特色和优势，吸引更多消费者的关注。记住，在市场推广中，通过突出产品独特性、口感、健康营养和便携性等方面的卖点，可以提高产品的吸引力和市场竞争力。

（注：以上内容由 ChatGPT 生成，未改动）

以上回答给出了一款爆品猪肉脯的几个潜在卖点，具有一定的可行性和合理性，但由于提问的限制，ChatGPT 所给的答案显得过于常规，无法突出与竞争品的差异性。

【让表达更准】

如果你想要更详细、更准确的产品卖点，你可以将 ChatGPT 用作测试产品卖点的工具，通过与 ChatGPT 进行对话，模拟客户或消费者的反馈，从而检验产品卖点的有效性和吸引力。

例如，你可以告诉 ChatGPT 你们的目标用户是谁？你们有哪些创新点？市场调研的情况是什么？根据 ChatGPT 的回答，你可

以优化产品卖点，使其更符合目标受众的需求和期望。

3.2.2　找准定位：深挖客户痛点

客户痛点是客户在使用产品或服务过程中遇到的问题、困扰或不满意的方面。了解和挖掘客户痛点对企业识别市场机会、改进产品和提供更好的解决方案至关重要。

ChatGPT 可以为你提供不同的观点和见解，以帮助企业识别潜在的客户痛点。它可以模拟不同类型的客户，并根据问题的描述和需求进行回答，从而提供多样的视角和反馈。

用户提问

假设你是某手机品牌的市场总监，你们最新的旗舰手机发布已经有一段时间了，但是销量却一直不温不火，领导命令你深挖客户痛点，及时调整宣传角度。你将如何深挖客户痛点？

ChatGPT 回答

作为市场总监，我将采取以下策略深挖客户痛点。

1. 调研和数据分析。通过市场调研和用户反馈数据的收集，深入了解客户的需求和问题。这可以包括在线调查、焦点小组讨论、用户反馈收集等方法，以获取客户使用手机的体验、满意度和痛点问题等相关信息。

2. 用户旅程分析。分析客户购买决策的不同阶段，并了解在每个阶段客户遇到的困难和痛点。从客户意识到需求，到对产品的了解和评估，再到购买和使用，每个阶段都可能存在不同的问题和痛点。

3. 竞争分析。对竞争对手进行深入研究，了解他们的产品优势和客户满意度。通过比较我们的产品和竞争对手的产品，找出我们的竞争优势和差距，并确定可能存在的客户痛点。

4. 建立用户反馈机制。建立与用户的持续互动渠道，主动征求用户的意见和建议，可以通过社交媒体平台、在线客服、售后服务等方式与客户进行沟通，及时解答客户的问题和疑虑，并收集他们的反馈。

5. 重点用户访谈。找出产品的核心用户，与他们进行深入的面对面访谈。通过问答、观察等方式，了解他们的需求、期望和痛点，并挖掘出他们在使用手机过程中遇到的问题和困扰。

通过以上深挖客户痛点的方法，我们可以更加准确地了解客户的需求和问题，并及时调整宣传角度，针对客户痛点进行宣传和营销，以提高产品的竞争力和市场占有率。

（注：以上内容由 ChatGPT 生成，未改动）

以上回答提出了多种深挖客户痛点的方法，并指出了其重要性及针对客户痛点的宣传和营销策略，但仍需要加强对实际操作过程和面临挑战时解决方案的介绍。

【让结构更好】

ChatGPT 回答中的 5 个要点似乎是独立的，我们无法得知它们的内在逻辑，在操作过程中是否需要遵循一定的顺序。所以我们将同样的问题输入文心一言，比较、综合一下二者的回答。

文心一言回答

作为手机品牌的市场总监，深挖客户痛点并调整宣传角度是必要的。以下是我建议的一些步骤。

1. 市场调研。首先，我们需要更深入地了解我们的目标市场和目标客户，可以进行一些市场调研，包括线上和线下的问卷调查、访谈等，以了解客户购买决策的因素，他们对现有手机的不满意之处，以及他们对未来手机的期望。

2. 竞品分析。分析主要竞争对手的产品特点和市场策略，找出我们的优势和劣势，以及我们与竞品的差异点。

3. 用户反馈。通过各种渠道收集用户反馈，包括社交媒体、用户评价、论坛等。这些反馈可能会揭示出一些客户关心的问题，我们可以对这些反馈进行深入的分析和研究。

4. 市场趋势。研究手机市场的最新趋势，包括技术发展、消费者行为变化等。这有助于我们了解市场环境，以便对我们的产品策略和市场策略进行调整。

5. 痛点分析。通过以上步骤，我们可以总结出一些客户痛点。例如，可能是电池寿命不够长，摄像头的质量有待提高，或是操作系统的用户体验需要改进。针对这些痛点，我们可以对我们的产品进行相应的优化和改进。

6. 调整宣传策略。基于我们了解到的客户痛点和我们的产品优化，我们可以重新调整宣传策略。例如，我们可以在宣传中强调我们的产品如何解决了客户的痛点，如何提高了用户的生活质量，如何满足了市场的最新需求。

7. 测试与改进。每次产品改进后，我们都需要进行市场测试，以了解改进是否真的解决了客户的痛点，是否提高了产品的销量。根据测试结果，我们可以进一步调整和优化我们的产品策略和市场策略。

通过这些步骤，我们可以更深入地了解我们的目标市场和目标客户，找出并解决他们的痛点，从而提升产品的销量。

（注：以上内容由文心一言生成，未改动）

3.2.3　引爆市场：优化竞争策略

竞争策略是企业为了在市场中获得竞争优势而采取的一系列策略和行动，通常包括目标市场的选择、产品定位、定价策略、

营销策略、渠道管理等。

企业可以通过制定和实施有效的竞争策略提高市场份额和利润率，提升其在市场中的地位。

利用 ChatGPT 优化企业的竞争战略，我们首先需要明确企业的目标和市场定位，然后，根据市场情况和竞争对手的状况，使用 ChatGPT 进行市场分析和竞争分析；在此基础上，我们可以制定适合自己的产品定位、定价策略、渠道管理等一系列竞争策略，并不断优化和调整这些策略，以提高企业的竞争力。

用户提问

假设你是某快消品品牌的市场部经理，现在你们的市场份额开始下降，你怎么通过优化竞争策略来改变现状？

ChatGPT 回答

作为某快消品品牌的市场部经理，当市场份额开始下降时，我将采取以下竞争策略来改变现状。

1. 增加产品的差异化。通过改进产品设计、功能或质量，提供与竞争对手不同的价值主张，以吸引更多消费者。我会与研发团队合作，深入了解目标消费者的需求和偏好，提供有创新性的产品解决方案。

2. 加强市场营销。制定更具吸引力的营销策略，包括广告宣传、促销活动、公关活动等，以提高品牌知名度和认知度。我会根据目标消费者的特征和喜好选择适合的媒体渠道，并注重营造积极正面的品牌形象。

3.拓展新的销售渠道。与线下零售商和电商平台建立战略合作关系，拓展产品的销售渠道，增加产品的曝光度和销售机会。我会评估不同渠道的潜力和适应性，并制定相应的合作方案和推广策略。

4.强化客户关系管理。加强与现有客户的互动和沟通，提高客户满意度和忠诚度。我会通过定期的客户反馈调研、售后服务和个性化推荐等方式，建立稳固的客户关系，并积极回应客户需求和反馈。

5.加强竞争情报分析。及时跟踪竞争对手的动态，了解他们的产品和营销策略，从中获取有益的竞争信息。我会与市场研究团队合作，通过调研和数据分析获取市场洞察，为制定竞争策略提供支持。

6.提高团队的竞争力。培训和激励市场团队，提高团队成员的专业素质和执行能力。我会帮助团队成员理解和适应市场变化，鼓励创新思维和合作精神，共同应对竞争挑战。

通过以上优化竞争策略，我相信能够改变目前市场份额下降的现状，提升品牌的竞争力和市场地位。

（注：以上内容由 ChatGPT 生成，未改动）

以上回答提出了多种优化竞争策略的途径，并强调了竞争策略与目标消费者需求紧密相关的重要性。但如果需要具体实施和评估方法的介绍，我们就要调整提问的关键词和具体问法。

【让用词更妥】

首先，我们要让 ChatGPT 带入一个具体的角色，如"某快消品品牌"或"市场部经理"，通过这样的限定，才能把 ChatGPT 产生的内容规划到你想要的方向。

其次，我们要让 ChatGPT 理解优化竞争策略的背景或前提，如"市场份额开始下降"或"改变现状"，通过这样的设定，能够让 ChatGPT 产生更具针对性和专业性的内容。

3.3 推广文案：让推广效果倍增

3.3.1 AI 提示词：生成推广文案

ChatGPT 在生成产品推广文案方面具有独特优势。通过利用强大的人工智能能力，它能够快速获取和分析大量的市场数据和消费者趋势，为我们提供个性化、有吸引力的推广方案。无论是抓住时下最热门的话题、揭示产品的独特卖点，还是创造令人难忘的互动体验，ChatGPT 都能够帮助我们创作出精准、富有创意的推广文案，以实现品牌在目标受众中的更好曝光和市场影响力的提升。

用户提问

> 公司需要策划一场品牌联名活动，我需要写一份活动文案，请帮我生成一份约 200 字的活动推广文案。

ChatGPT 回答

活动推广文案

探索两个品牌的奇妙交织，以惊艳的创意点燃激情火花！品牌 X 与品牌 Y 联手打造一场震撼人心的联名活动，邀您共同见证历史性的时刻！

活动亮点

1. 跨界盛宴。品牌 X 和品牌 Y 带来了两个完全不同的世界，通过联名活动融合碰撞。你将目睹两个独特品牌的巅峰创意，领略到前所未有的视觉和感官体验。

2. 运动挑战。此次活动将为您提供一系列激动人心的运动挑战，让您在欢乐的氛围中释放激情。无论是独轮车竞速、极限滑板还是高空蹦极，这些挑战将考验您的勇气和技巧。

3. 限量纪念品。精心设计的限量纪念品将为您带来难以置信的收藏价值。品牌 X 和品牌 Y 的结合之作将成为您品位独特的时尚标志。千万不要错过这个绝佳机会，与众不同地展示自己！

4.音乐盛典。现场将举办一场震撼人心的音乐盛典，邀请当下最炙手可热的音乐天才现场演出。激情四溢的音乐将把现场推向高潮，为您带来一场无与伦比的视听盛宴。

时间、地点和门票

日期：［活动日期］

时间：［活动时间］

地点：［活动地点］

门票：由于名额有限，请尽早预订您的门票，以确保不错过这场精彩绝伦的联名活动！

别错过这个独一无二的机会！加入我们，与品牌 X 和品牌 Y 一同探索创意的无限可能。快来预约您的门票，让我们共同见证两个品牌的奇妙融合，开启一段令人难忘的美妙旅程！

（以上文案仅为示例，可根据实际情况进行调整）

（注：以上内容由 ChatGPT 生成，未改动）

以上回答展现出活动文案的完整性，从点到面地展示出推广文案的全流程内容，但仍需要我们根据实际情况进行内容的补充和调整，同时也需要列举出推广活动现场遇到突发事件时的备选方案。

【让表达更准】

在对 ChatGPT 进行提问的过程中优化具体细节可以使生成的

活动推广文案更加准确和具体，如直接点明活动的目的和主题，提问时列举活动原因，明确活动是为了什么目的而进行，以及联名活动的主题是什么。这些信息可以帮助 ChatGPT 更好地理解你想要表达的核心思想。

通过丰富活动细节，我们可以帮助 ChatGPT 更好地理解文案推广的需求，并生成更加准确、吸引人的活动推广文案。

3.3.2　模拟演练：预估推广效果

以品牌联名活动为例，预估其推广效果是一项复杂的工作，需要考虑多方面的因素，如品牌定位、目标人群、联名形式、传播渠道、活动内容等。AIGC 工具可以在这个过程中提供一些帮助，如图 3-1 所示。

图 3-1　利用 AIGC 工具预估推广效果

1. 第 1 步：利用 AIGC 工具分析品牌特征

我们在向 ChatGPT 提问时可以让其搜索网络上关于品牌的信息，从中提取品牌的核心价值、形象、风格、口碑等特征，以及品牌之间的共性和差异，评估联名的合理性和契合度。例如，你可以告诉 ChatGPT 你们的品牌的核心价值是什么，企业文化有哪些，市场定位是什么。

2. 第 2 步：利用 AIGC 工具确定目标人群

ChatGPT 可以通过分析品牌的历史数据和市场数据，对目标人群进行细分和画像，了解他们的需求、喜好、消费习惯等，以便制定合适的传播策略。如果想要定位准确的目标人群，你可以模拟消费者的角度，让 ChatGPT 以买家的身份对产品进行评价，指出产品的卖点和不足之处，帮助品牌进一步确定目标人群。

3. 第 3 步：利用 AIGC 工具设计联名形式

ChatGPT 可以通过检索网络上的联名案例，提供一些创意和灵感，如产品联名、内容联名、概念联名、体验联名、资源联名等，要想从中选择最能吸引注意力和引发话题的形式，你可以根据其提供的案例进一步在追问时告诉 ChatGPT，根据品牌调性选择什么样的联名形式会更好，什么样的联名形式能够最大限度地获得推广效果，不断提示 ChatGPT 在海量数据中匹配合适的联名形式。

4. 第 4 步：利用 AIGC 工具选择传播渠道

ChatGPT 可以通过分析目标人群的媒介使用习惯，提供一些建议和优化，如社交媒体、电商平台、线下门店等。选择最能触达和影响目标人群的渠道及选择合适的传播渠道对推广效果至关重要。你可以告诉 ChatGPT 你们的历史销售数据的平台占比情况，你们在各个平台历史投放推广资源的数据。根据 ChatGPT 的回答，你可以进一步优化对传播渠道的选择，使其更符合品牌及产品的推广需求。

5. 第 5 步：利用 AIGC 工具制定传播方案

在完成分析活动目标和传播渠道步骤后，你可以向 ChatGPT 提供一些推广方案和推广预算，以及传播内容、传播时间、传播频次等，让 ChatGPT 结合这些内容去设置监测指标和评估方法，利用 ChatGPT 在过程中控制传播方案的实施和效果监测。

6. 第 6 步：利用 AIGC 工具预估推广效果

ChatGPT 可以通过模拟活动的执行过程，预估活动的最终成果，如曝光量、参与度、转化率、销售额等，并与历史数据或同类数据进行对比分析，以便调整优化。

7. 第 7 步：利用 AIGC 工具评估推广效果

你可以利用 ChatGPT 收集活动的实际数据，评估活动的实际效果。例如，你可以向 ChatGPT 提供品牌推广的达成率等数据，

将其与预估数据进行对比分析，以便总结经验和教训。

3.3.3 优化执行：让推广效果倍增

以品牌联名活动举例，预估其推广效果是一项复杂的工作，需要考虑多方面的因素，如品牌定位、目标人群、联名形式、传播渠道、活动内容等。AIGC 工具可以在这个过程中提供一些帮助，但也需要我们不断地检查和优化，以提高推广效果。一般来说，我们可以按照图 3-2 所示的七个步骤进行检查和优化。

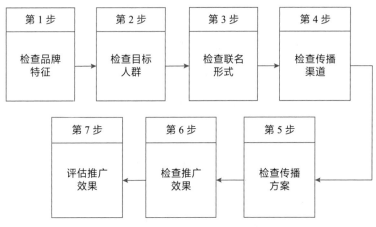

图 3-2 利用 AIGC 工具优化推广效果

1. 第 1 步：检查品牌特征

如果发现品牌特征不匹配或不突出，ChatGPT 可以帮助调整联名的主题或内容，以增强品牌的识别度和差异化。例如，你可以询问 ChatGPT 联名主题或内容与品牌的核心价值观是否一致，联名主题或内容是否能够在消费者中建立起品牌的独特形象，哪些方面可以增强联名品牌在市场中的识别度。你要让 ChatGPT 充分理解和分析品牌特征，为推广效果做好铺垫。

2. 第 2 步：检查目标人群

如果发现目标人群不明确或不准确，ChatGPT 可以帮助重新定义或细化目标人群，以提高传播的针对性和有效性。例如，你告诉 ChatGPT 品牌目前的目标人群是哪些，是否明确定义了他们的特征和需求。通过这样的限制，才能让 ChatGPT 在你设定的框架中输出回答。

3. 第 3 步：检查联名形式

如果发现联名形式不新颖或不吸引人，ChatGPT 可以帮助换用其他的联名形式或增加一些亮点和创新点，以提高传播的趣味性和影响力。例如，你可以告诉 ChatGPT 联名主题或内容是否与当前的消费趋势和流行文化相契合，是否能够吸引目标受众的注意力。在提问的时候，你可以要求 ChatGPT 提供一些创意和亮点。

4. 第 4 步：检查传播渠道

如果发现传播渠道不合适或不充分，ChatGPT 可以帮助增加或调整传播渠道或组合方式，以提高传播的覆盖率和协同效果。例如，你可以在提问环节告诉 ChatGPT 目标人群的消费习惯和媒体偏好，是否曾与具有影响力的媒体、博主、意见领袖等合作。

根据 ChatGPT 的回答，你可以进一步检查和优化传播渠道，使其更贴近品牌调性。

5. 第 5 步：检查传播方案

如果发现传播方案不合理或无效，ChatGPT 可以帮助修改或优化传播方案或预算分配，以提高传播的效率和效果。例如，你可以在提问环节告诉 ChatGPT 传播方案是否与品牌的整体战略和目标相一致，是否有机会通过数据分析和市场调研了解目标受众的需求和反馈，从而调整传播方案。

6. 第 6 步：检查推广效果

如果发现推广效果不达标或不满意，ChatGPT 可以帮助分析原因并采取相应的措施，如增加投入、改进内容、扩大宣传等。ChatGPT 可以针对当前的推广内容进行分析，你可以向其进一步追问需要进行哪些优化和改进，是否可以通过创新的方式吸引受众的注意力和兴趣。通过与 ChatGPT 进行对话，你可以进一步检查推广效果并做出调整。

7. 第 7 步：评估推广效果

如果你发现推广效果有偏差或有改进空间，可以反馈给 ChatGPT 并调整参数或模型，以提高 AIGC 工具的准确性和智能性。例如，你可以询问 ChatGPT 在评估传播效果时 AIGC 工具是否考虑了不同传播渠道和媒体的差异，在评估传播效果时是否可以考虑将 AIGC 工具的输出与其他可靠的数据源或第三方数据进行对比和验证。这些角度都有助于 ChatGPT 帮助你评估和验证推广效果。

3.4　广告文案：让广告"吸睛"更"吸金"

3.4.1　生成广告与创意方案

AIGC 工具强大的语言处理能力和创造力，可以根据用户提供的关键词或主题生成相关的创意想法，可以根据用户提供的背景信息和要求自动生成吸引人的广告文案，可以提供关于广告布局和设计方面的建议，还可以帮助用户优化现有的广告创意。

用户提问

假设你是某广告公司的创意总监，你们公司最近接了一个大健康企业的营销宣传订单，请你写出一个广告创意方案。

ChatGPT 回答

广告创意方案：健康路上，与你同行

目标受众：大健康企业的潜在消费者（年龄段可根据客户情况具体确定）

背景：如今的社会节奏加快，人们对健康和生活质量的需求越来越高。针对这个趋势，我们希望通过这个广告创意方案，为大健康企业打造一个独特、引人入胜的品牌形象，吸引目标群体的眼球，同时传递出企业关注用户健康的价值观念。

创意描述如下。

1. 广告概念

我们将以"健康路上，与你同行"为主题，通过展现企业与消费者之间的亲密关系，强调企业作为用户健康的合作伙伴的角色。我们将突出企业产品或服务的创新性、专业性和可靠性。

2. 广告故事线

（1）开篇。一位年轻男子/女子正忙碌地工作、生活，感到身心疲惫，看起来缺乏活力。

（2）引入企业角色。突然，一只小小机器人出现在他身边，手中拿着产品的样品，悄悄传递给他。

（3）企业产品介绍。机器人向男子/女子展示产品（如保健品、智能健康设备等），并解释如何帮助用户提升身体健康、提高生活质量。

（4）日常场景展示。通过一系列生动的画面，展示男子/女子在使用产品后，焕发出充沛的精力，拥有良好的身体状态，同时享受快乐的生活，如与家人共进健康餐、户外运动等。

（5）宣传语。画面切换到广告标语"健康路上，与你同行"，强调企业愿意与消费者一同踏上健康之旅，一起成长。

（6）结尾。广告以企业品牌标识和联系方式结束，并鼓励观众通过短信或扫码等方式参与促销活动或咨询更多信息。

3. 广告特点

（1）情感共鸣。通过展示年轻男子/女子在忙碌生活中的困惑，并引入亲切的机器人形象，让观众产生共鸣，感受到企业对用户的关注和愿意给予帮助的温暖。

（2）创新和专业性。突出企业产品的创新性和专业性，通过展示产品使用场景，让观众了解产品对健康的积极影响。

（3）引人入胜。通过剪辑快速、流畅的画面切换，配以动感音乐，打造一个引人入胜的广告故事，吸引目标受众的注意力。

4. 广告传播渠道

（1）电视广告。在主流媒体的黄金时段播放，吸引更多的观众关注，并加强品牌形象的塑造。

（2）网络媒体。通过各大视频平台、社交媒体和新闻媒体进行推广，提升曝光率，扩大受众群体。

（3）线下渠道。在商场、医院等相关场所设置宣传展示区域，配合促销活动和产品体验，吸引消费者进一步了解及

购买。

通过以上创意方案，我们将帮助大健康企业树立良好的品牌形象，以及与消费者建立情感联系，促进销售和业务增长，实现企业的营销宣传目标。

（注：以上内容由 ChatGPT 生成，未改动）

以上方案通过情感共鸣、创新性和专业性的产品介绍，以及引人入胜的广告故事，能够有效吸引目标受众的注意力并传达企业关注用户健康的价值观念，但在突出企业的差异化和产品的优势上仍有改进的空间。

【让结构更好】

ChatGPT 给出了一个还不错的广告与创意方案，而且这个方案的重点主要集中在内容方面，我们需要更多的方案来启发灵感，完善思考，从而更好地指导自身的广告和创意方案。所以我们将同样的问题输入文心一言，比较、综合一下二者的回答。

文心一言回答

广告创意方案

一、目标受众

我们的目标受众主要是年龄在 30 ~ 50 岁的职场白领和家庭主妇，他们注重健康、营养和养生，追求高品质的生活方式。

二、广告渠道

我们将主要选择以下几种广告渠道。

1.电视广告。在晚间黄金时段播放 30 秒的电视广告，覆盖广泛的目标受众。

2.网络广告。在各大主流网站和社交媒体平台投放广告，针对目标受众进行精准投放。

3.社交媒体推广。通过微信、微博等社交媒体平台，以文章、图片和视频等形式推广产品。

4.线下活动。组织健康讲座、体验活动等线下活动，吸引目标受众参与。

三、创意及宣传材料

1.电视广告创意。以健康、营养和养生为主题，创作一则生动有趣、吸引人的 30 秒电视广告。

2.网络广告创意。以吸引人眼球的图片和视频为主，配以简洁明了的文字说明，强调产品的健康、营养和养生特点。

3.社交媒体推广创意。以短文、图片和视频等形式，通过分享健康、营养和养生方面的知识和体验，吸引目标受众关注和转发。

4.线下活动策划。以健康、营养和养生为主题，设计有趣、互动性强的活动，吸引目标受众参与。

四、测量指标

我们将主要关注以下测量指标。

1. 点击率。评估广告被点击的次数，以了解广告的吸引力和受众的兴趣。

2. 转化率。评估广告被点击后实际购买产品的次数，以衡量广告的转化效果。

3. 曝光量。评估广告被浏览的次数，以了解广告的覆盖范围和受众规模。

4. 品牌知名度。评估目标受众对品牌的认识和印象，以了解广告对品牌形象的提升效果。

五、执行计划

1. 制作阶段。在接到订单后的第一周，完成广告创意方案的制定和审批。

2. 发布阶段。在第二周至第四周，根据选定的广告渠道，发布和推广广告。

3. 评估阶段。在第五周以后，对广告效果进行评估，根据评估结果进行调整和优化。

六、预算及效果回报

1. 预算。我们的预算主要包括电视广告费用、网络广告费用、社交媒体推广费用和线下活动费用等。

2. 效果回报。我们期待通过这次广告宣传，能够提高品牌知名度和市场占有率，同时促进产品的销售和市场份额的提升。

以上是我们针对大健康企业的营销宣传订单所制定的广告创意方案。我们相信，通过精心设计和有效推广，这次广告宣传将会取得良好的效果。

（注：以上内容由文心一言生成，未改动）

3.4.2　提升吸引力与转化率

ChatGPT 可以帮助广告团队快速生成多个版本的广告文案，并进行 A/B 测试和优化，通过不断尝试和调整，找到最有效的文案，从而提高广告的转化率。

ChatGPT 可以利用大量数据和算法，根据目标受众的特征和喜好，生成个性化的广告文案。这有助于提高受众的关注度，引起共鸣，从而提高销售转化率。

用户提问

我是某快消品企业的市场总监，最近我们刚刚投放了大规模的新品广告，但是市场反应并不明显。为了提高广告文案的吸引力和销售转化率，如果你是我，你会怎么做？

ChatGPT 回答

作为市场总监，如果你想提高广告文案的吸引力和销售
转化率，可以考虑以下几个方面的改进。

1. 定位目标受众。了解你的目标受众是谁，他们的需
求、喜好及消费习惯。根据目标受众的特点来调整广告文案
的语言、风格和呈现方式，使之更贴合受众需求。

2. 强调产品的独特卖点。将产品的独特卖点突出展示在
广告文案中，让受众明确了解产品与竞争对手的差异，并强
调这些差异带来的价值和好处。

3. 创造情感共鸣。通过广告文案传递情感共鸣，触发受
众的情感共鸣点，可以运用故事性的叙述，或通过描述产品
使用场景等方式，拉近与受众的距离，增加情感连接。

4. 增加社会证据。人们倾向于相信他人的经验和意见，
广告文案中可以引入一些客户的真实评价、案例或用户数据
等社会证据，增强产品的信誉度和吸引力。

5. 优化呈现形式。通过选择恰当的媒体渠道、广告位置
和呈现形式等，使广告文案更容易被目标受众发现和接触。
同时，注意广告的可读性和可视性，确保文字简洁清晰，图
片或视频内容吸引人。

6. 测试和优化。针对投放广告的效果，进行定期的 A/B
测试和数据分析，以评估不同文案的效果。通过收集反馈和
数据，持续优化广告文案，提高广告的吸引力和转化率。

> 记住，改进广告文案需要持续的努力和市场的反馈。不断尝试新的创意和策略，同时关注竞争对手的动向，将市场营销策略与产品优势相结合，有助于提高广告的吸引力和销售转化率。
>
> （注：以上内容由 ChatGPT 生成，未改动）

以上回答中的定位目标受众、突出产品独特卖点、创造情感共鸣、增加社会证据、优化呈现形式、测试和优化等方法能够提高广告吸引力和销售转化率。

【让表达更准】

想要得到更加专业、更具针对性的回答，你必须告诉 ChatGPT 更多的信息。具体如下。

（1）目标受众。产品面向哪个特定的目标受众群体？他们的特征是什么？他们的年龄、性别、地理位置、兴趣爱好等。

（2）广告渠道。目前的广告投放渠道是哪些（包括线上和线下渠道）？可以在哪些平台或媒体上投放广告？

（3）广告内容。目前的广告文案是什么（包括标题、主要宣传点、描述等）？提供相关的广告素材或文案。

（4）市场反应数据。问题提到市场对广告反应不明显，有哪些具体的市场反应数据和指标？如点击率、浏览量、销售额等。

3.4.3 优化落地：“吸睛”更“吸金”

ChatGPT 可以根据数据和用户反馈，及时提供文案的执行效果分析和优化建议。通过实时反馈和优化建议，企业可以迅速了解广告的投放效果，并根据实际情况进行调整和改进。

用户提问

> 我是一个服装品牌的市场总监，我们公司马上要投放一些关于夏季新品服饰的广告，我该怎么做才能提高广告的投放效果，增加曝光量和销售额呢？

ChatGPT 回答

> 要提高广告的投放效果，增加曝光量和销售额，可以考虑以下几点策略。
>
> 1. 定位目标受众。确定你的目标受众是谁，并了解他们的需求、偏好和购买行为。根据目标受众的特征调整广告内容和定位，以吸引他们的兴趣。
>
> 2. 设计引人注目的创意。设计吸引眼球的广告创意，用独特的视觉效果、精彩的图片和吸引人的文字来吸引潜在客户的注意力，确保广告与夏季新品服饰的特点和品牌形象相符。
>
> 3. 多渠道投放。综合使用多种广告渠道，如电视、网

络、社交媒体、杂志等。根据目标受众的特征选择合适的渠道，并在不同渠道上展示一致的品牌形象和广告信息，以扩大曝光量。

4. 个性化定制广告。利用数据分析和人工智能技术，根据用户的浏览历史、购买记录等个人信息，向他们展示个性化的广告内容。这样可以提高广告的点击率和转化率。

5. 引入明星代言或合作。考虑与明星或有影响力的时尚博主、社交媒体达人等合作，让他们帮助推广夏季新品服饰。他们的影响力可以帮助提高品牌的知名度和信任度。

6. 优惠促销活动。结合夏季促销活动，如折扣、赠品等，吸引顾客购买夏季新品服饰。在广告中清晰地传达这些优惠信息，并设定有效期限，以促使顾客尽快行动。

7. 监测和优化广告效果。定期监测广告的投放效果，包括曝光量、点击率、转化率等指标。根据数据分析结果进行优化，调整广告策略和投放方式，以获得更好的效果。

通过以上策略的综合运用，您应该能够提高广告的投放效果，增加曝光量和销售额。记住，持续的市场测试和优化是关键，应根据实际情况调整策略，以达到最佳效果。

（注：以上内容由 ChatGPT 生成，未改动）

ChatGPT 所给出的很有价值的广告策略包括：定位目标受众、设计创意、多渠道投放、个性化定制、引入明星合作、优惠

促销和监测优化。然而，其在调研成本、创意成本、资源投入、数据收集、合作成本、利润评估等方面也存在一些不足，我们在运用时需合理组合，并进行市场测试和优化，以确保策略的有效性。

【让逻辑更通】

ChatGPT 虽然给出了回答，但是针对性较差，主要是一些通用的解决办法，而我们想要的是具体问题具体分析的简明指导。

如何能让 ChatGPT 做到这一步呢？我们可以这样追问。

用户提问

这里面有什么是你可以帮我做的吗？

ChatGPT 回答

作为 AI 机器人，我可以为您提供以下帮助。

1. 提供创意建议。根据您提供的信息，我可以提供一些关于广告创意的建议和灵感，以帮助您设计引人注目的广告内容。

2. 数据分析和优化。我可以协助您监测广告效果，并提供数据分析报告。基于这些数据，我可以为您提供优化建议和策略调整，以改善广告投放效果。

3.目标受众分析。通过分析市场数据和消费者行为，我可以帮助您识别和细分目标受众，并提供关于他们需求、喜好和购买行为的洞察。

4.广告渠道选择。我可以提供有关不同广告渠道的信息和建议，帮助您选择适合您品牌的渠道，并根据目标受众的特征推荐最佳的投放渠道组合。

5.个性化广告定制。基于用户的个人信息和历史数据，我可以为您提供个性化广告定制的建议，以提高广告的点击率和转化率。

请注意，虽然我可以提供上述帮助，但最终的决策和实施仍需要依靠您作为服装品牌的市场总监来完成。我将尽力提供最佳建议和指导，以帮助您取得更好的广告效果。

（注：以上内容由 ChatGPT 生成，未改动）

用户提问

完成以上 5 项内容，分别需要我向你提供什么信息？

ChatGPT 回答

感谢您的配合。以下是每项内容所需的信息。

1.创意建议。请提供您的品牌名称、产品特点、目标受

众的基本描述，以及希望传达的广告信息，如折扣、促销等。这些信息将帮助我了解您的品牌和广告需求，从而提供更相关的创意建议。

2. 数据分析和优化。请提供广告投放的相关数据，如曝光量、点击率、转化率等。此外，如果您有特定的优化目标或关注的指标，请一并告知。这些数据将用于分析广告效果和提供优化建议。

3. 目标受众分析。请提供有关您的目标受众的一些基本信息，如年龄段、性别、地理位置、购买偏好等。这些信息将帮助我更好地理解您的目标受众，并提供相关的市场洞察和分析。

4. 广告渠道选择。请提供您目前考虑的广告渠道列表，或告知您已经使用的广告渠道。此外，您也可以提供关于品牌和产品的详细描述，以便我更好地推荐适合的广告渠道。

5. 个性化广告定制。请提供您的用户数据库或个人信息收集方式（如网站注册、购买记录等）。这些信息将帮助我了解您的用户群体，并提供相关的个性化广告定制建议。

请注意，为了保护您的隐私和数据安全，不要提供敏感的个人信息和涉及隐私的数据。以上信息仅用于生成相应的建议和分析报告，并不会被用于其他任何用途。

（注：以上内容由 ChatGPT 生成，未改动）

3.5　营销话术：帮你"收钱"又"收心"

3.5.1　生成"收钱"话术

使用 ChatGPT 可以帮助我们快速生成吸引目标受众并促使他们购买的"收钱"话术。ChatGPT 可以根据我们的产品特点、目标人群、销售目标等信息，自动产生一些符合语言规范、逻辑清晰、情感丰富、刺激行动的"收钱"话术。这些话术可以有效地提高转化率和销售额，节省我们的时间和精力，让我们的营销更加高效和智能。

用户提问

> 某品牌化妆品专柜需培训一批导购人员，请帮我生成一份"收钱"话术。

ChatGPT 回答

> 当涉及销售化妆品时，一个好的"收钱"话术可以帮助导购人员提高销售效果。下面是一份适用于品牌化妆品专柜的"收钱"话术示例。
>
> 1. 提供感谢和肯定
> "非常感谢您的选购，您选择了我们优质的品牌化妆品。"
> "您的眼光非常独到，我们的产品会为您带来美丽和

自信。"

2. 强调产品的价值和特点

"这款产品拥有超强的抗氧化功效，能有效延缓肌肤衰老，令您的肌肤更加紧致光滑。"

"这是我们最受欢迎的明星产品，多位明星也推荐使用，它能让您的妆容更加持久自然。"

3. 提醒促销和奖励方式

"现在正是限时促销期间，购买该产品还可获得赠品一份。"

"我们还提供会员积分制度，您可以享受积分返现和专属会员活动。"

4. 推荐相关产品或附件销售

"如果您对这款口红很满意，我们还有相匹配的唇膏和唇线笔推荐给您。"

"我们还有一款新上市的眼霜，搭配使用会更好地改善您的眼部肌肤问题。"

5. 支付方式和结账

"我们支持多种支付方式，包括刷卡、现金和移动支付，请您选择最方便的方式进行结账。"

"请问您需要开具发票吗？请您出示您的会员卡或提供相关信息，我会为您尽快办理结账手续。"

（注：以上内容由 ChatGPT 生成，未改动）

通过与 ChatGPT 的交互，我们可以测试和改进"收钱"话术的内容，以提高其准确性和实用性。ChatGPT 可以作为一个有创造力的智能伙伴，协助我们进行头脑风暴和创意研发，从而优化我们的销售策略和服务理念。然而，虽然 ChatGPT 的回答面面俱到，但所给的答案显得过于常规，无法突出与其他营销话术的差别。

【让表达更准】

如果你想要 ChatGPT 的回答能够更加有针对性，能够更加符合品牌的定位和突出产品的优势，你可以告诉 ChatGPT 你所代表的品牌是什么并提供该品牌的核心价值和创立理念。例如，你可以提问"请帮我生成一份适用于某品牌化妆品专柜的'收钱'话术"或"我们品牌主推的是孕妈妈也能放心用的化妆品"，这样可以使 ChatGPT 的回答更具体、更有针对性。

你还可以简要介绍品牌化妆品的主要特点和卖点，从而使 ChatGPT 生成的话术可以更好地与产品相关联。例如，你可以问："我们的品牌化妆品以自然成分和抗衰老功效为主打，注重提供给顾客高品质、安全可靠的产品。你可以在这个基础上帮我创作更好的'收钱'话术吗？"

优化用户提问

我们的品牌主推孕妈妈也能放心用的化妆品，能否帮我

生成更符合品牌优势的"收钱"话术。

ChatGPT 回答

亲爱的顾客，感谢您选择我们的化妆品。我们深知孕妈妈对产品的安全性和质量要求很高，因此我们专注于研发适合孕妈妈使用的天然有机产品，以确保您的健康和美丽。

在使用我们的产品前，我建议您先了解一下我们品牌的优势。首先，我们的产品采用纯天然成分，不含任何有害物质，通过了严格的安全性测试，为您提供放心使用的保障。其次，我们坚持使用最新的科技和配方，以满足孕期肌肤的特殊需求，有效解决各种问题，如干燥、敏感等。另外，我们的产品质地轻盈，容易吸收，不会对皮肤造成负担，同时还能提供滋润和保湿效果。

除了产品优势外，我们还提供专业的导购服务。无论您有任何关于产品的疑问或需求，我们都会耐心解答并给予专业的建议。我们的目标是让您在购买过程中感受到我们的用心和关怀。

现在，让我为您总结一下您所选择的产品清单和价格。如果您对其中任何一款产品感兴趣，请随时告诉我，我将会为您进行结账并提供更多优惠信息。同时，我们还提供详细的使用说明和售后保障，确保您在使用过程中的满意度。

最后，请放心，我们接受各种支付方式，包括现金、信用卡和移动支付。支付完成后，我会帮您安排快速、安全的配送服务，确保您尽快收到心仪的产品。

再次感谢您对我们品牌的支持与信任。如果您有任何其他需求或问题，请随时告诉我，我将全力以赴为您提供优质的服务体验。期待您再次光临！

（注：以上内容由 ChatGPT 生成，未改动）

让 ChatGPT 模拟销售环境和场景，能够让话术更贴合实际情况。我们在向 ChatGPT 提问和追问时，也要适当地调整提问的关键词和具体问法，不断对 ChatGPT 进行调教和优化。

3.5.2　生成"收心"话术

使用 ChatGPT 还可以帮助我们定制个性化、引人入胜的"收心"话术，以吸引目标受众的注意力并引导他们关注我们的产品或服务。ChatGPT 在话术的构建中起到了激发思维、丰富表达方式和提高营销效果的重要作用。

用户提问

请帮我生成一份服装直播人员在吸引消费者注意力时，真诚且有趣的"收心"话术，五句即可。

ChatGPT 回答

当直播开始时，衣着时尚的主播可以使用以下真诚且有趣的"收心"话术吸引消费者的注意力。

1. 亲爱的朋友，终于等到这个时刻了！我今天已经穿上了你们无限期待的新款服装，快来看看我为大家准备的惊喜吧！

2. 嘿！我是你们的直播小天使，现在就让我给你们带来一场前所未有的时尚盛宴！跟着我的节奏，我们一起探索最时尚、最有趣的潮流穿搭吧！

3. 嗨！亲爱的小伙伴们，今天我给你们带来了一拨超级重磅福利！快速从忙碌的生活中抽离出来，让我带你们进入一个充满时尚和乐趣的世界！

4. 大家好！在这个美妙的一天里，我将会为你们呈现最具创意的搭配方式和最流行的服装趋势。好好准备，因为我们要开启一段充满乐趣的时尚之旅啦！

5. 亲爱的宝贝们，我提醒你们，今天的直播将会有无数个令人兴奋的时刻！坐稳，系好安全带，准备迎接一场疯狂的购物狂潮，让我们一起燃爆吧！

（注：以上内容由 ChatGPT 生成，未改动）

ChatGPT 在直播中可以通过个性化、人性化、智能化的回应方式，帮助主播优化"收心"话术，从而更好地吸引消费者的注意力，提高直播的效果和成功率。但同时，其生成的话术可能存在生硬、模板化的缺点。

【让用词更妥】

向 ChatGPT 提问时，你可以先提供一些话术案例供其选择，让 ChatGPT 代入指定场景或指定消费者群体，通过这种词汇限制，让 ChatGPT 模仿客户的需求和兴趣来创新话术。

此外，你要让 ChatGPT 充分理解"收心"话术的含义，让其了解"软营销""软种草"对消费者"收心"的重要性，这样其生成的话术才能让消费者感到更亲切、更舒适，才能够增强消费者的参与感和体验感，进而提高消费者的满意度和购买意愿。

3.5.3　优化话术，帮你"收钱"又"收心"

ChatGPT 在帮助营销人员优化话术方面可以提供即时回答、多样化回答方式、个性化建议、快速获取产品信息、提供竞争分析及优化语言表达等帮助，不仅能够提升导购人员的工作效率，而且可以满足消费者的需求，并建立更好的亲和沟通关系。

用户提问

我是一个时尚女装直播间的主播，想要改善直播间转化率不高的现状，能否为我提供一份提升转化率的直播话术，重点在于优化话术从而提升转化率。

ChatGPT 回答

当主播在时尚女装直播间中想要通过优化话术来提高转化率时，可以考虑以下建议。

1. 引起兴趣和吸引注意力

（1）这款时尚女装是本季的热门单品，让你在人群中脱颖而出。

（2）这种款式适合各种场合，让你展现个性和时尚感。

2. 强调产品特点和优势

（1）这款女装采用优质面料，舒适贴身且透气，给你带来最佳穿着体验。

（2）剪裁设计精良，突出你的曲线美，让你更加自信和迷人。

3. 突出潮流和时尚性

（1）这是时下最流行的款式，跟随时尚潮流，让你紧跟时代的步伐。

（2）这个图案/颜色非常抢眼，给你带来与众不同的时尚造型。

4. 使用社交证据和用户评价

（1）很多顾客已经购买并留下了好评，他们认为这款女装非常漂亮、时尚且质量出色。

（2）在过去的直播中，很多朋友都选择了这款女装，他们认为穿上后非常好看，你也可以看一下他们的评论。

5. 提供搭配建议

（1）这款女装可以与各种裤子/裙子搭配，轻松打造不同风格的时尚造型。

（2）想要增加层次感？我们还有一些配饰可以与这款女装搭配，让你的整体造型更出彩。

6. 强调限时特惠和购买奖励

（1）现在购买这款女装可以享受特别优惠价，价格实惠且物超所值。

（2）我们还准备了一些额外的购买奖励，让你的购物体验更加完美。

7. 呼唤行动

（1）如果你喜欢这款女装，请点击链接或留言购买，我们会尽快发货给你。

（2）库存有限，喜欢的朋友们赶紧行动吧！

通过以上优化话术的方法，主播可以更好地吸引消费者的注意力，突出产品的特点和优势，提供搭配建议，并强调限时特惠和购买奖励，从而促使观众采取购买行动，达到提高转化率的目的。记住要在直播过程中保持充满激情和亲和力，与观众进行互动，并及时回答他们的问题，让他们感受到良好的购物体验。

（注：以上内容由 ChatGPT 生成，未改动）

优化直播话术的目的是提高转化率，其中需要重点关注产品特点、潮流性、搭配建议和购买奖励等因素，并与观众保持互动，打造良好的购物体验。但 ChatGPT 的回答仍需要加入更多具体的产品信息，并增加互动环节以增强观众的参与感，围绕满足消费者的需求做进一步的优化。

【让结构更好】

ChatGPT 给出的 7 个建议符合直播优化转化率的技巧，也便于主播在实际操作中应用这些方法，但我们只能照搬这些技巧，无法得知它们的内在逻辑，也不知道是否还有更多创新技巧未被罗列。所以我们将同样的提问输入文心一言，比较、综合一下二者的回答。

文心一言回答

> 欢迎大家来到我的时尚女装直播间，我非常高兴能与大家在这个美好的时刻相聚。今天，我们的直播间将为大家带来一系列时尚、优雅的女装，让你的美丽瞬间成为全场的焦点。
>
> 首先，让我为大家介绍这款精致的女装。这款衣服采用了独特的设计理念，融入了时尚元素，轻松让你在人群中脱颖而出。无论是参加派对还是日常生活，它都将是你的绝佳选择。相信我，这款衣服将会为你的着装加分不少。
>
> 为了感谢大家的支持，我们特别准备了一场优惠活动。

在今天的直播过程中，凡是在我们的直播间购买任何一款衣服的朋友，都将获得一份精美的礼品。所以，请大家抓紧机会，尽情选购你心仪的服装。

我知道大家对我们的直播间充满了好奇和期待。在此，我非常欢迎大家在评论区留言，分享你对这款时尚女装的看法。如果你有任何疑问或者需要建议，也请随时告诉我，我会尽快回复并与大家进行互动交流。

在即将结束今天的直播之前，我要为大家带来一个特别的营销活动。我们将在微博上举行有奖转发活动，只要转发并关注我们的微博账号，就有机会赢取我们的新年大礼包一份。所以，请大家务必留意我们的直播间和微博平台，不要错过任何获得惊喜的机会。

再次感谢大家的陪伴和支持，希望今天我们的直播间能为大家带来愉悦的购物体验。请大家继续关注我们的直播间，我们将会有更多优质的商品和活动等着大家。让我们共同期待下一次的直播，再见！

（注：以上内容由文心一言生成，未改动）

对比 ChatGPT 和文心一言的回答：ChatGPT 的回答采用了项目化的方式，将建议按照不同的方面进行分条列举，提供了详细的解释和示例；而文心一言的回答则是一个整体的连贯段落，通过流畅的叙述来传递信息。

ChatGPT 的回答比较结构化，使用了较为正式和商业化的语言风格，注重逻辑性和实用性。而文心一言的回答更接近于人类写作，语言简洁自然，富有情感和互动性。后续我们可以根据不同的需求和风格，选择适合的 AIGC 工具以得到符合预期的回答。

3.6 促单话术：帮你快速"拿下"客户

3.6.1 生成多类型的促单话术

ChatGPT 可以根据企业的需求和特定场景快速生成适用于销售的话术，从而大大减少销售人员编写话术所花费的时间和精力，提高其工作效率。

ChatGPT 生成的话术可以确保销售团队使用相同的标准化语言，有效地传递企业的核心信息和价值观。这有助于企业建立品牌形象，并确保客户获得一致的体验。

ChatGPT 可以根据客户的个人信息和历史数据生成个性化的销售话术，这有助于提高客户满意度和销售成功率。

用户提问

你能告诉我一些促单话术吗？

ChatGPT 回答

当然可以！以下是几种常见的促单话术。

1. 稀缺性推销。强调商品或服务的稀缺性，激发消费者的购买欲望。例如，"限时特价，仅剩最后 10 件"或"独家供应，限量发售，错过就没有了"。

2. 社会证据推销。引用他人对商品或服务的积极评价，增加购买信心。例如，"成千上万的顾客都推荐这款产品，他们对质量和效果都非常满意"。

3. 限时优惠推销。提供限时折扣或特别优惠，创造紧迫感。例如，"只要在今天下单，您将享受 8 折优惠"或"前 100 名购买者还将获得额外的赠品"。

4. 个性化推销。根据客户的需求和兴趣定制推荐。例如，"根据您的购买记录和偏好，我们为您推荐了这款适合您的产品"。

5. 比较优势推销。突出商品或服务的优势，并与竞争对手进行比较。例如，"我们的产品比同类产品更耐用、更实用，同时价格更具竞争力"。

6. 保证和退换政策推销。提供无条件退换货保证或产品质量保证，增加客户安心购买的信心。例如，"我们提供全额退款保证，如果您对产品不满意，可以无条件退换"。

记住，在使用促单话术时要尊重客户，诚实守信，并且

确保所提供的信息真实有效。

（注：以上内容由 ChatGPT 生成，未改动）

ChatGPT 所给出的促单话术优点在于它们可以激发消费者的购买欲望，增加购买信心，创造紧迫感，同时突出了产品优势并提供了退换政策保证。这些话术既可以提高销售量，还可以提升客户的满意度和忠诚度。

然而，这些话术也存在一些缺点。总体而言，合理运用这些话术可以有效推动销售，但需在遵守法律法规和商业道德的前提下使用。

【让逻辑更通】

显然，ChatGPT 给出的回答并不具体，主要讲解了促单话术的方向，当然这与我们的提问过于笼统是分不开的。如果想要更详细的促单话术，就要让 ChatGPT 理解你的提问逻辑。

你可以重新向 ChatGPT 提问："我是一名商场的服装销售员，我正在学习销售话术，请你告诉我一些促单的有效话术。"这次的提问更详细，背景更丰富，重要的是可以使 ChatGPT 根据提问逻辑来规划答案，这样它给出的回答就会更符合提问者的要求。下面是它的回答。

ChatGPT 回答

当你在推销商品时，以下是一些促单的有效话术。

1. 亲爱的顾客，我们今天正在推出一项特别优惠活动，这是您不能错过的好机会！

2. 我们现在有一个限量版的商品，特别适合您！不仅售价合理，还能让您在人群中脱颖而出。

3. 购买一定数量的商品可以享受额外的折扣，这是一个非常划算的选择。您可以在这里找到您最喜欢的样式，并享受更多的优惠！

4. 我们的某些商品在近期更新升级，现在价格降到了历史最低水平！您可以选择这些商品，并在购物车中享受更多的折扣。

请注意，以上话术仅供参考，具体应用需要根据实际情况和客户需求灵活运用。

（注：以上内容由 ChatGPT 生成，未改动）

3.6.2　临门一脚要"稳准狠"

ChatGPT 可以分析客户的需求和偏好，并基于这些信息生成个性化的产品建议和推荐。销售人员可以以这些生成的内容作为参考，为客户提供更准确和个性化的建议，从而提升客户的满意度和购买决策的信心。

ChatGPT 可以生成针对不同产品的比较和案例分析的内容。销售人员可以利用这些生成的内容来向客户呈现不同选项的差异和优势，推动客户进行权衡和决策。这种支持可以提供客观的数据和分析，从而使销售人员的话语更有说服力。

用户提问

> 现在，假设你是某奢侈品品牌的柜员，现在有一个客户正在选购商品，她很想消费，但是无法下定决心，你会用什么样的话术来帮她下定决心呢？

ChatGPT 回答

> 作为奢侈品品牌的柜员，我会使用以下话术来帮助客户下定决心。
>
> 1. 突出产品的独特价值。我会强调该奢侈品的独特之处，如精致的设计、高品质的材料和卓越的工艺。我会告诉客户这些特点是其他产品所不能比拟的，每一件产品都是独一无二的艺术品。
>
> 2. 强调产品的优势和功能。我会解释产品的各项优势和功能，并向客户展示如何让她的生活更加美好和舒适。我会指出产品的实用性、耐久性和与众不同之处，让客户明白她所购买的不仅仅是一个奢侈品，更是一种价值的投资。

3. 提供个人化的服务体验。我会向客户介绍品牌的专属服务，如定制选购、维修保养等。通过提供个性化的服务体验，我能够帮助客户建立与品牌的情感联系，增强她对该产品的认同感和满意度。

4. 分享客户的购买成功案例。我会向客户分享其他满意客户的购买成功案例，可以是名人或普通用户。通过这些案例，我可以展示该产品的品质和价值，增加客户对购买决策的信心。

5. 提供购买保障和售后服务。我会详细解释品牌的售后服务政策、质保措施和退款政策等。客户需要知道一旦购买完成，品牌将会提供全方位的支持和关怀，以确保客户的购物体验无忧无虑。

6. 亲自试戴和感受产品。如果可能的话，我会邀请客户亲自试戴或感受产品。这样可以让客户更直接地感受产品的质感、舒适度和外观效果，帮助她更好地决策。

7. 给予适当的时间和空间。最重要的是，我会给予客户足够的时间和空间，充分考虑她的需求和犹豫。我会耐心倾听客户的想法和疑虑，并在必要时提供额外的信息或建议。这样可以增加客户对品牌的信任感，并让她感到舒适和放心做出购买决策。

通过以上话术，我希望能够帮助客户下定决心，确信自己正在购买一款真正适合她的优质奢侈品。同时，我也会尊

重客户的决策，并提供持续的服务和支持。

（注：以上内容由 ChatGPT 生成，未改动）

不难看出，ChatGPT 所给出的内容并不是话术，很显然它并没有理解我们的要求。

【让逻辑更通】

这次的提问并不笼统，但是 ChatGPT 并没有给出理想的话术，这时我们不妨直接要求它"给我一些具体的话术"。下面是它的回答。

ChatGPT 回答

当然，以下是一些可以帮助客户下定决心的具体的话术。

1."这款奢侈品的设计独特而精致，每一个细节都经过精心雕琢。它不仅展示了您的个性与品位，更会吸引他人的目光和赞叹。"

2."这款奢侈品采用了最高质量的材料和制作工艺，确保了其持久耐用性。您可以放心购买，它将成为您长期拥有的珍贵物品，代表着品质和价值的投资。"

3."作为我们品牌的重要客户，您将享受到我们的专属服务。无论是定制选购还是售后支持，我们将全程为您提供个性化和周到的待遇。"

4."让我和您分享一个成功的故事。我们的另一位客户在购买这款奢侈品后，不仅获得了更大的自信，还受到很多赞誉和瞩目。她的生活得到了美好的改变，我相信您也能如此。"

5."购买这款奢侈品不仅意味着拥有一件高质量的产品，同时也获得了我们品牌的优质售后服务。我们会始终关注您的满意度，并提供全方位的支持，确保您的购物体验愉快和无忧无虑。"

6."我非常欢迎您试戴这款奢侈品，亲自感受它的华丽与舒适。随着您佩戴，它将为您增添独特的魅力和自信。"

7."我理解选择一件奢侈品需要时间和考虑，这是一个重要的决策。请放心，我们会给予您足够的时间和空间，充分满足您的需求和疑虑。我相信您会做出明智而满意的决定。"

请注意，这些话术仅供参考，您可以根据具体情况进行调整和组合，以确保适应您的客户和奢侈品品牌形象。还请时刻保持真诚、耐心和专业，以赢得客户的信任和满意。

（注：以上内容由 ChatGPT 生成，未改动）

3.6.3　转介绍：让你的客户源源不断

转介绍的核心在于客户的信任和满意，并且在利益方面谋求共赢。虽然这种能力 AIGC 工具无法给你，但它仍然可以给你一些高效的话术，帮助你锻炼此类口才能力。

用户提问

假设你是某快时尚服装品牌的销售人员，你有自己的老客户群，他们大多是一些学生和白领。最近你的业绩目标升高，你想让这些老客户帮你转介绍新客户，你会怎么和他们说？

ChatGPT 回答

作为某快时尚服装品牌的销售人员，我首先会感谢我的老客户一直以来对我们品牌的支持和信任。现在，我有一个重要的请求想向您提出，希望您能帮助我实现新的业绩目标。

您作为我们的老客户，您肯定对我们的产品和服务有着独特的了解和体验。因此，您的转介绍对于吸引新客户非常关键。如果您愿意帮助我转介绍一些新客户，我相信不仅能够扩大我们的客户群体，也会给您带来更多的惊喜和回报。

转介绍对您而言可能是一项简单的任务，但对我们来说却具有巨大的影响力。当您将我们的品牌介绍给您的朋友、同学或同事时，他们很可能会对您的推荐表示重视，并倾向于信任和购买我们的产品。

作为回报，我们可以为您提供一些特别的优惠和折扣，让您自己和被介绍的新客户都能从中受益。此外，如果您成功转介绍了一定数量的新客户，我们还可以考虑给予您一些额外的奖励或礼品作为感谢。

最后，我想再次强调您的转介绍对我们的品牌非常重要。如果您愿意支持我们，帮助我们吸引更多的新客户，我相信我们可以共同实现业绩目标，并为更多人提供优质的时尚服装和购物体验。

非常感谢您的支持和合作！如果您有任何问题或需要进一步的信息，请随时与我联系。

（注：以上内容由 ChatGPT 生成，未改动）

ChatGPT 所给出的话术在感激、信任和强调重要性方面做得不错，但还可以进一步优化，如增加个性化称呼，以及具体说明回报和奖励的细节，以便更好地吸引客户参与转介绍。

【让结构更好】

上面这个回答表达了感激和信任，拉进了关系和感情，也表明了会提供回报和奖励，但是在具体优惠、折扣、奖励或礼品方

面没有表述清楚，这可能会削弱客户参与的动力。

我们希望得到更完善的转介绍话术，就需要更多的参考，所以我们将同样的问题输入文心一言，比较、综合一下二者的回答。

文心一言回答

亲爱的客户们，

您好！希望这封信找到您时，您一切都好。我是您一直以来的销售代表，负责您在我们的快时尚服装品牌中的购物体验。

我想首先感谢您一直以来对我们的支持和信任。我们非常珍视您这样的老客户，您的满意度和信任是我们最重要的动力。

最近，我们的业绩目标有所升高，我们希望能够在现有的基础上，扩大我们的客户群体。我们深知，您在您的社交圈中有巨大的影响力，所以我们非常希望您能帮助我们向您的朋友和家人推荐我们的品牌。

为了表达我们的诚意，我们为推荐人准备了特别的优惠。只要您推荐的朋友成功购买了我们的产品，您和您的朋友都可以获得10%的折扣。而且，如果您推荐的朋友再次购买，您还可以获得额外的10%折扣。

我们深知，您的信任和满意是我们最重要的财富。因此，我们承诺，我们将一如既往地提供高质量的产品和优质的服务，让您和您的朋友们能够享受到愉快的购物体验。

最后，我们再次感谢您的支持和信任。如果您有任何问题或需要帮助，我们随时都在这里。同时，也希望您能帮我们推荐更多的新朋友，让我们一起分享时尚的快乐。

谢谢！

[您的名字]

[您的销售代表编号]

[公司名称]

（注：以上内容由文心一言生成，未改动）

3.7　直播文稿：助你涨粉、锁客、增收益

3.7.1　以引流和涨粉为目标

ChatGPT 可以为直播间引流和涨粉提供创意、自动生成内容并优化互动体验，从而帮助主播更高效地开展直播宣传和运营工作。

用户提问

现在，假设你是某计算机配件直播间的带货主播，为了实现引流和涨粉的目的，请你写一篇直播文稿。

ChatGPT 回答

大家好！欢迎来到本期计算机配件直播间！我是你们的带货主播，很高兴能与大家相聚在这里。

作为一位热爱科技和计算机的人，我深知选择适合自己的计算机配件是多么重要。今天，我将为大家介绍一些高品质的计算机配件，希望能够帮助大家更好地提升计算机性能。

首先，让我们来看看这款全新的显卡。它采用最新的显卡芯片技术，拥有强大的图形处理能力，能够在游戏中展现出令人惊叹的视觉效果。不仅如此，它还具备超强的散热系统，确保长时间高负荷运行时的稳定性。

接下来，我要为大家介绍一款高速的固态硬盘。与传统机械硬盘相比，固态硬盘具有更快的读写速度，可以大大缩短系统启动和文件传输的时间。无论是游戏还是视频编辑，它都能为你提供更加流畅的使用体验。

除了显卡和硬盘，一台出色的计算机还需要一个稳定可靠的电源。这款高品质电源具备多重保护功能，能够有效防止电压波动对硬件造成损害，保障您计算机的安全运行。

此外，在选择键盘和鼠标时，我们也要注重舒适度和操作的灵敏度。一款符合人体工学设计的键鼠套装，可以让您在长时间使用时减少手部疲劳，保持高效率的操作。

当然，以上只是我们今天所介绍的一小部分计算机配件。我们的直播间里还有更多种类丰富、质量过硬的产品等待着大家的挑选。

感谢大家收看今天的直播！如果你对其中的任何产品感兴趣，请随时留言或私信咨询我们的客服人员。我们将竭诚为您提供最专业的建议和服务。

最后，希望大家在本次直播中能够找到心仪的配件，并享受购物的乐趣！也欢迎大家多多分享给身边的小伙伴，让他们也能体验到高品质计算机配件的魅力。

谢谢大家！期待与你们下次再见！

（注：以上内容由 ChatGPT 生成，未改动）

ChatGPT 所给出的直播文稿的优点在于引入部分语言生动、产品介绍全面，突出了产品特点并传递了专业知识。

如果可以引入具体品牌和型号、增加数据或实例支撑，并且通过实际操作或演示展示产品的性能和功能那就更加完善了。

【让结构更好】

ChatGPT 生成的引流涨粉文稿的优点很明显，但同时也存在缺点，如未提及具体产品的品牌和型号，对某些产品的优势描述较为宽泛，这些都是很明显的不足之处。

我们需要更多的答案作为参考来辅助直播文稿的编写，所以我们将同样的问题输入文心一言，比较、综合一下二者的回答。

文心一言回答

大家好，欢迎来到我们的计算机配件直播间！我是你们的主播小明，今天我将为大家介绍我们的主打产品——高性能游戏显卡。

首先，让我们来了解一下这款显卡的特点。这款显卡采用了最先进的技术，拥有高分辨率、高帧率和出色的图形性能。它能够让你在游戏中畅享高清画面，流畅运行各类大型游戏，让你沉浸在游戏的世界中。

此外，我们的显卡还具有一键超频功能，可以轻松提升性能，让你在游戏中更胜一筹。而且，这款显卡的散热性能也非常出色，采用了双槽风冷或液冷设计，确保长时间游戏过程中不会出现过热现象。

接下来，我将为大家演示一下这款显卡的实际应用效果。这是《守望先锋》的游戏画面，我们可以看到，在我们的显卡加持下，游戏画面清晰流畅，场景细节表现得非常到位。

在直播间，我们还为大家准备了一些优惠活动。现在购买我们的显卡，不仅享受八折优惠，还可以获得我们特别定制的游戏周边礼品。

另外，针对一些有疑问的观众，我在这里为大家解释一下。有些观众可能会担心显卡的兼容性问题，这点请大家放心，我们的显卡适用于所有主流操作系统和主板，完全不需要担心兼容性问题。

最后，非常感谢大家的观看和支持。如果你有任何问题或需要购买，请在直播间留言或私信我们。我们会在第一时间为你解答和提供服务。谢谢！

（注：以上内容由文心一言生成，未改动）

3.7.2　以锁客和成交为目标

ChatGPT 可以在直播间中发挥重要的作用，如提供个性化的推荐和回答，处理客服事务，优化营销策略，快速互动，以及进行数据分析和用户画像等，从而提高直播间的成交能力。

用户提问

现在，假设你是某女装品牌的带货主播，为了实现留住客户和高效成交的目的，请你写一篇直播文稿。

ChatGPT 回答

大家好，欢迎来到本次直播！我是你们的带货主播，很高兴能和大家见面。我代表某女装品牌，今天给大家带来一系列精选时尚女装，让你们在时尚潮流中展现魅力！

首先，让我为大家介绍我们品牌的特点。作为一家专注于时尚女装的品牌，我们始终追求独特设计、高品质面料和合理价格的完美结合。每一件服装都经过精心挑选和严格把控，让每位顾客都能穿上舒适、时尚的衣物。

今天，我为大家准备了几款最新推出的秋季女装系列。首先是我们的经典风衣，采用优质面料制作，简约大气的设计，让你在秋风中展现优雅迷人的气质。同时，我们还推出了多款舒适柔软的针织衫，不论是搭配牛仔裤还是半身裙，都能给你带来时尚与舒适并存的感受。

除了这些基础单品，我们也注重细节的处理。比如，我们的连衣裙采用了精美的印花图案，让你在各种场合都能散发出迷人的女人味。此外，我们还有众多时尚配饰，如华丽耳环、优雅手链等，为你的造型锦上添花。

在这个直播中，我将为大家实时展示每一款服装的细节和穿搭技巧。如果你对产品有任何疑问或者需要专业建议，随时留言告诉我，我会在第一时间为你解答。

为了给大家更好的购物体验，我们还准备了一些福利活动。在直播结束后的 24 小时内，我们将针对直播中购买的商品提供额外的折扣和赠品。不仅如此，我们还有一个购买积分活动，购物满一定金额即可获得相应积分，积分可以用于后续的购物抵扣，让你享受更多优惠。

最后，非常感谢大家的支持和参与。我们希望能够通过这次直播，为大家带来时尚、贴心的购物体验，让你们成为我们的忠实顾客。记得关注我们的官方网店和社交媒体平台，以便及时获取我们的最新产品和推广活动。

谢谢大家的收看，让我们一起进入购物的奇妙世界吧！

（注：以上内容由 ChatGPT 生成，未改动）

ChatGPT 所生成的直播文稿的优点是清晰地介绍了品牌特点，详细展示了多款产品并强调了细节和服务，但缺乏个性化，缺少图片、实际展示及互动性。改进上述缺点可以进一步提升观众的参与度。

【让结构更好】

ChatGPT 生成的成交文稿重点在于介绍品牌和产品，与我们理想的成交文稿还存在一定差距。

我们需要更多的答案作为参考来辅助直播文稿的编写，所以我们将同样的问题输入文心一言，比较、综合一下二者的回答。

文心一言回答

亲爱的小伙伴们，欢迎来到我们的女装直播间！我是你们的主播小丽，今天我将为大家带来一系列时尚、优雅、舒适的女装，让你在这个春天焕发出自信的魅力。在这里，我们不仅分享穿搭技巧，还为你们提供优质的产品和服务，让我们一起开启美丽的旅程吧！

首先，让我们来看看这款优雅修身的小黑裙。这款小黑裙采用高弹面料，轻盈贴身，让你在穿着中舒适自如。精心设计的修身版型，展现出女性优美的身材曲线。无论是参加派对还是日常穿着，都能让你成为焦点。

接下来，让我们来推荐一款时尚休闲的卫衣。这款卫衣采用柔软舒适的材质，让你在穿着中感受到无与伦比的舒适。个性十足的印花设计，充满青春活力。搭配一条牛仔裤，轻松打造出时髦的休闲风。

对于喜欢甜美风格的朋友们，我们还有一款粉色蕾丝裙等待你们的发现。这款裙子采用轻盈的蕾丝面料，透气舒适，柔软贴身。精致的粉色蕾丝设计，让你散发着迷人的甜美气息。无论是约会还是参加婚礼，都能让你成为最亮眼的存在。

在这里，我们不仅为大家推荐优质的女装，同时还提供丰富的搭配方案。例如，这款白色雪纺衫搭配黑色阔腿裤，尽显知性之美。而这款蓝色牛仔外套搭配白色 T 恤和黑色短裤，则展现出青春活力。让我们一起在直播间探讨更多的穿搭技巧，打造出属于你的独特风格。

当然，购物的过程中，我们还需要关注一些实用的信息。例如，这款牛仔裤的洗涤方式，这款蕾丝裙的保养方法，等等。我们会尽心尽力为大家解答，让你们的购物体验更加愉快和无忧。

在我们的直播间，你不仅能找到心仪的女装，还能结识一群志同道合的朋友。我们希望大家在这里能感受到家的温暖和关怀。同时，为了回馈广大观众朋友们的支持，我们会在直播过程中推出多项优惠活动，让大家能够以更实惠的价格购买到高品质的女装。

在今天的直播即将结束之际，我要再次感谢大家的陪伴和支持。在这里，我们共同成长、共同进步，让我们携手走向更加美好的明天。如果有任何问题或者建议，请随时联系我们的客服团队，我们将竭诚为您服务。同时，也欢迎大家关注我们的社交媒体账号，获取更多关于时尚穿搭的资讯。

最后，让我们再次相聚在直播间，共同开启新的美丽旅程！爱你们的小丽主播与你们不见不散！

（注：以上内容由文心一言生成，未改动）

3.7.3　以实现业绩突破为目标

ChatGPT 集成了大量的知识储备和专业领域的信息，可以提供直播人员需要的产品知识、市场趋势、销售策略等方面的支持。这使直播人员能够更加全面准确地回答观众的问题，提升观众做出购买决策的信心。通过提供实时建议、个性化推荐、情感智能回应和专业解答，ChatGPT 可以帮助直播人员实现业绩突破的目标，提升观众的参与度和购买转化率。

用户提问

请帮我以农产品直播为主题，写一份以业绩突破为目标的直播文稿，字数在300字左右。

ChatGPT 回答

大家好！欢迎来到今天的农产品直播节目！我是你们的主持人，今天将为大家带来一场精彩的直播，让我们一起突破业绩的目标！

在接下来的直播中，我们将为大家介绍一系列优质的农产品。这些农产品经过严格的筛选和挑选，保证了品质的可靠性和口感的美味。我们希望通过直播的方式，让您更加了解这些宝贝们的种植过程、特点以及对健康的益处。

首先，让我们来到我们的田园基地，看看那里是如何精心栽培这些农产品的。无论是有机蔬菜、新鲜水果还是纯净的花草，我们都会为您展示每个环节的细致呵护。您将亲自感受到这些农产品背后所蕴藏的无穷爱意和精心用心。

接下来，我们会为大家带来一些创新的农产品制作方法和口味搭配建议。您可以学习到如何将这些农产品变得更美味可口，并且与其他食材相得益彰。我们的顶级厨师将为您亲自演示，并分享一些独家秘诀，让您在家也能轻松制作出星级美食。

　　在这场直播中，我们不仅向您展示农产品的魅力，更希望通过互动和回答问题，使您对这些农产品有更深入的了解。无论您对种植技巧、营养成分还是购买方式有任何疑问，我们都将耐心解答，并帮助您做出明智的选择。

　　最后，我们准备了一些独家优惠活动和限时折扣，以感谢大家的支持和参与。购买这些精选农产品不仅意味着品尝美味，更是对健康生活的投资。

　　（注：以上内容由 ChatGPT 生成，未改动）

　　以上回答符合直播农产品的整个流程，完整性和可操作性较高，但如果想要更具创新性、更有个性化的内容，就需要我们在向 ChatGPT 提问时提供更为具体的农产品信息，以及更具体的要求和关键词。

【让结构更好】

　　ChatGPT 回答的内容依照的是农产品直播从开场话术到催单福利的完整流程，整体的可参考性和可操作性是合格的，但 ChatGPT 提供的内容通用性比较强，想要在农产品直播中展现更多的个性和创新，从而吸引观众下单，我们还可以结合多个 AIGC 工具进行对比和参考。所以我们将同样的提问输入文心一言，比较、综合一下二者的回答。

文心一言回答

亲爱的朋友们，大家好！欢迎来到我们的农产品直播间！我是你们的主播小张。今天，我们将为您带来一场农产品的盛宴，让您在轻松的氛围中了解我们的优质农产品。

首先，我想告诉大家，我们的农产品都是源自自然的馈赠。每一颗果实、每一片叶子，都经过精心的呵护，保证为您带来的不仅是口感上的享受，更是健康的保障。

我们的农产品种类繁多，从新鲜蔬菜到水果，从粮食到家禽肉类，应有尽有。我们始终坚持绿色、无公害的种植和养殖方式，让您品尝到大自然的味道。

为了给大家带来更好的购物体验，我们特意安排了各种优惠活动。只要关注我们的直播间并参与互动，就有机会获得丰厚的礼品和折扣。

在这里，我要向大家保证，我们的农产品不仅品质上乘，而且价格合理。我们通过直接与农户合作，省去了中间环节，让您享受到性价比最高的农产品。

朋友们，让我们共同努力，突破业绩，为大家的健康生活贡献一份力量！让我们一起期待下一次的直播，再次相聚在这片绿色的田园。

感谢大家的支持和关注，祝您生活愉快，再见！

（注：以上内容由文心一言生成，未改动）

以上分别是 ChatGPT 和文心一言的回答。ChatGPT 的回答相对较长，内容更加详细。它提供了更多关于农产品直播节目的细节，包括介绍田园基地、制作方法和口味搭配建议等。同时，它也强调了互动和回答问题的机会，并提到了限时折扣和优惠活动，以吸引观众的兴趣。

文心一言的回答则相对简洁明了。它强调农产品的"源自自然的馈赠"和"经过精心呵护"的品质。同时，它也提到了多样的农产品种类和通过直接与农户合作保证价格合理的优势。最后，它鼓励观众共同努力，为健康生活贡献力量，并表达了感谢和祝福。

总体而言，ChatGPT 的回答更加详细全面，而文心一言的回答则注重于简洁明了并强调农产品的品质和优势。选择使用哪个回答取决于提问者希望传达的信息和风格偏好。

第 4 章

用 ChatGPT 辅助创作新媒体、自媒体文章和日常写作

AIGC 不仅是一种技术，更是您的创作伙伴，它可以为您提供创作灵感，填补内容空缺，甚至提供数据驱动的见解，让您的文章更具深度和洞察力。

通过本章的内容，您将能够更好地利用 AIGC 工具提升您的创作能力，将新媒体和自媒体文章写作推向新的高度。同时，您也将更深入地理解 AI 对创作行业的影响，以及如何在这个不断演变的领域中保持竞争力和创新性。让我们一起探索未来创作的可能性，开始这段激动人心的旅程吧！

4.1　生成日记：快速记录每一天

4.1.1　快速生成生活日记

只需向 ChatGPT 输入关于生活日记的关键词，ChatGPT 就可快速生成一篇完整的生活日记，帮助自媒体工作者节省更多时间。

一篇关于生活日记的关键词，至少应包括日期、天气情况、食物情况、工作与学习情况、当日整体感受等方面。

另外，我们还需要对 ChatGPT 提出一些要求，对其进行一定的限制，从而使答案更加符合需求。

用户提问

请帮我生成一篇生活日记，我可以给你提供以下信息。

日期：2023 年 9 月 1 日。天气：晴。

食物：早餐，豆浆加油条；午餐，盖浇饭；晚餐，牛肉面。

工作与学习：上午，自学一个新的视频特效插件，并通过案例进行实操；下午，完成个人下期视频的脚本。

整体感受：心情平和，继续进步的一天。

要求：内容完整、逻辑清晰，不需要开头和落款，400 个字左右。

ChatGPT 回答

2023 年 9 月 1 日，晴朗的天气注定了这将是一个美好的一天……（详细内容略，下同）今天的早餐是一份简单而美味的豆浆加油条，清爽的豆浆搭配炸得酥脆的油条，让我一大早就精神百倍。

上午，我着手自学一个新的视频特效插件……这个过程中，不仅提高了我的技能，还让我感到满足和充实。

午餐时，我享用了一份盖浇饭……继续下午的工作。

下午，我全身心地投入完成个人下期视频的脚本上……我不断地修改和完善脚本，确保它能够吸引观众，传达我想要表达的信息。

　　整个一天，我的心情都非常平和……每一天都是我前进道路上的一小步。

　　（注：以上内容由 ChatGPT 生成，有删节）

上述问答示例中，由于我们在提问时设置了不少关键词，因此生成的内容比较明确和具体，自媒体工作者只需在此基础上进行简单修改，就可作为记录生活、积累经验的素材进行保存。

【让表达更准】

为了让 ChatGPT 生成的日记更完整、更严谨，我们需要优化整个生活日记的生成流程，首先就是在提问时采用更加准确的表达。

（1）优化提示词。

① 时间描述更准确。把工作、学习、用餐等事宜的时间精确到分钟。

② 学习内容更具体。原提问中"自学一个新的视频特效插件"部分可以表述得更加具体，如"自学了一个视频升格插件"。

③ 工作内容更具体。原提问中"完成个人下期视频的脚本"部分可以补充一下下期视频的项目名称，如"完成了'×××'视频项目的脚本"。

（2）优化提问逻辑。提问时，我们需要将场景描述得更加具体，更加生动，尽可能给 ChatGPT 提供更多信息。下面是优化后的提问与回答示例。

用户提问

假设你是我的生活记录小帮手，每天帮我撰写生活日记。在你帮我撰写生活日记之前，我都会给你提供一些关键信息。下面是今天的关键信息。

日期：2023 年 9 月 1 日。天气：晴。

早餐（8：00）：豆浆加油条。午餐（13：00）：盖浇饭。晚餐（19：00）：牛肉面。

工作（9：00—12：00）：自学一个视频升格插件，并通过案例练习。

学习（14：00—18：00）：完成下期视频"视频调色基础教程"的脚本。

整体感受：心情平和、继续进步的一天。

要求：内容完整、逻辑清晰，不需要开头和落款，400字左右。

ChatGPT 回答

2023 年 9 月 1 日……（详细内容略，下同）早上 8 点，我享受了一份经典的早餐，豆浆加油条……准备好了全新的一天。

上午 9 点……自学视频升格插件……这种成长的感觉让我充满满足。

中午 1 点，午餐时间到了，我品尝了……焕发出新的活力。

下午 2 点，我投入学习中，完成了下期视频的脚本……确保了脚本的质量。

整个一天，我保持着平和的心情……我知道自己在不断前进……一个学习和进步的机会。期待着未来的挑战和成就，我满怀信心地迎接新的一天。

（注：以上内容由 ChatGPT 生成，有删节）

优化后的生活日记，时间上更准确，事项上更详细。提问者可以把这个提问方式保存为模板（或自制其他提问模板），这样每天只需要修改一小部分内容便可直接提问。

4.1.2　快速生成 OKR

ChatGPT 可以根据工作描述快速厘清工作目标（O）和关键结果（KR），生成各种角色的 OKR。

用户提问

　　我是一名自媒体工作者，想效仿正规公司的新媒体运营这个岗位，为自己设置 OKR。

　　我的主要运营平台是抖音和哔哩哔哩，内容是"穿搭推荐"，目标是双平台都达到 20 万订阅。

　　请你就上述已知信息为我量身定制一份 OKR。

ChatGPT 回答

　　OKR（Objective and Key Results）是……（详细内容略，下同）工作的 OKR 示例如下。

　　目标（Objective）：在抖音和哔哩哔哩上建立……吸引更多的订阅者。

　　关键结果（Key Results）

　　1. 抖音平台订阅目标

　　KR1：在本季度内，抖音订阅数增加到 10 万。

　　KR2：提高每个视频的平均观看次数至少达到 5 000 次。

　　KR3：至少每周发布 5 个与时下流行穿搭相关的视频内容。

　　2. 哔哩哔哩平台订阅目标（略）

　　3. 内容质量提升（略）

　　4. 内容多样性（略）

5. 数据分析与优化（略）

这些 OKR 可以帮助你……根据情况随时调整你的策略和 OKR 以应对变化。

（注：以上内容由 ChatGPT 生成，有删节）

上述示例中，ChatGPT 回答的内容虽然比较丰富，但其主要结构仍然较乱，想要获得实用性和参考性更强的 OKR，我们需要对其结构进行优化调整。

【让结构更好】

优化结构前，我们应先彻底弄清自己的真实工作目标和关键结果，并将其进行更加规范的总结，再重新进行提问。

（1）优化工作目标描述。在提问时，我们应提前将工作目标进行细分，既然是一年内完成，最好细分为 12 个月，再给每个月制定一个或数个小目标。这些小目标应至少包括播放量、点赞量、转发量、收藏量、评论数、弹幕数和平均留存时间等方面的内容。实操过程中，这些角度的选取可向 ChatGPT 或其他 AIGC 工具求助。

（2）优化关键结果描述。在提问时，我们应明确告知 ChatGPT 如何对关键结果进行描述，最普遍的要求应该是细致、具体等。

按照上述描述进行优化后，我们重新向 ChatGPT 提问，详情

如下。

用户提问

　　我是一名自媒体工作者，主要运营平台是哔哩哔哩，运营内容是穿搭推荐。现请你帮我设计一份OKR。我可以提供以下信息。

　　总工作目标：哔哩哔哩平台一年之内订阅量达到20万。

　　分解工作目标：将总目标分解到一年内的每一个月，每个月的目标至少包括播放量、点赞量、转发量、收藏量、评论数、弹幕数、留存时间等方面的内容。

　　关键结果：根据分解后的工作目标而定，每个小目标后面都应有至少3个关键结果。

　　要求：（1）目标分解合理，关键结果描述详细、具体；（2）内容完整、逻辑清晰、结构合理。

ChatGPT 回答

　　好的，以下是一个可能的OKR（Objective and Key Results）示例，以帮助您在哔哩哔哩平台上运营"穿搭推荐"内容。

　　总工作目标

　　使哔哩哔哩平台一年内的订阅量达到20万。

分解工作目标

月度目标（1 月）

播放量：达到 10 000 次；点赞量：达到 1 000 次；转发量：达到 500 次；收藏量：达到 300 次；评论数：达到 200 次；弹幕数：达到 500 次；平均留存时间：每次视频至少 3 分钟。

关键结果（1 月）

1. 在 1 月内发布至少 10 个穿搭推荐视频。

2. 与其他自媒体或博主合作，至少获得 3 个视频的推广合作。

3. 针对观众的反馈不断改进视频质量，以提高互动率和留存时间。

（其余内容略）

（注：以上内容由 ChatGPT 生成，有删节）

可以看出，优化过的 OKR 结构更完整，参考性更强。

4.2　学习笔记：快速成为学习高手

4.2.1　快速生成学习笔记和思维导图

ChatGPT 有强大的分析总结能力，利用 ChatGPT，我们可以快速生产学习笔记和思维导图。但是，真的这么简单吗？

用户提问

请帮我创建一份关于"推广新的护肤产品全流程"的思维导图大纲。这个思维导图应采用分支结构，包括合适的主题和章节，且尽量将每个章与节细化到最小一级。

ChatGPT 回答

当然，我会帮助你创建一个关于"推广新的护肤产品全流程"的思维导图大纲。以下是一个初步的大纲，根据需要可以进一步细化。

推广新的护肤产品全流程

1. 前期准备

（1）市场调研

①目标市场分析

②竞争对手分析

（2）产品开发

①产品特点与优势

②定价策略

2. 创建推广计划

（其余内容略）

（注：以上内容由 ChatGPT 生成，有删节）

显然，不采用特殊方式提问的话，ChatGPT 一般只能输出纯文字的内容。实际上，除了文字外，ChatGPT 也可以生成代码、图片。考虑到直接生成的图片是不方便编辑的，因此，在下面的小栏目中，本书将详细介绍如何通过优化提示词让 ChatGPT 生成代码，并结合其他工具快速生成思维导图。

【让表达更准】

（1）优化原理。之所以绝大多数用户只能通过 ChatGPT 获得文字内容，是因为不会设置特定的提示词。尤其是在中文环境下，若表述得不准确，ChatGPT 很容易产生误解。

就"生成思维导图"这一任务来说，一般用户应该知道的一个关键词是"Markdown"。Markdown 是一种轻量级标记语言，允许人们使用易读易写的纯文本格式编写文档，然后转换成有效的 XHTML（或 HTML）文档在 ChatGPT 中使用。

（2）优化步骤。

① 提问。向 ChatGPT 提问，提问时加入关键词"Markdown 格式"，此时，ChatGPT 生成的文本内容有明显的黑底，且右上角有"Copy code"（意为复制代码）字样。

② 保存。将上述 Markdown 代码复制并保存为 md 文件。

③ 导入。打开你的思维导图软件（此处不具体列举，绝大多数思维导图软件均有此功能），选择"导入"功能。在文件选择对

话框中，找到并选择你刚才保存的 md 文件，然后点击"打开"。这样，你的思维导图软件就会自动将 Markdown 代码转换为思维导图。

④ 调整。你现在可以自由地调整思维导图的布局和样式，以满足你的需求。

⑤ 导出。最后，你可以将这个思维导图导出为图片，如 PNG 或 JPEG 格式，以便在文档或网页中使用。

另外，一些网站也可以实现上述功能，基本步骤大同小异。

4.2.2　生成多学科、跨学科学习规划

假设你是一名自媒体从业人员，因工作需要，现在需要学习视频调色技能，这是一项跨学科的学习挑战。你不仅想学会视频调色的软件操作知识，还想学习视频调色背后涉及的理论知识。那么，就让 ChatGPT 帮你生成一份学习规划吧！

用户提问

> 我想要学习视频调色，请你从调色理论和调色软件两个方面出发，为我设计一份内容完整、操作性强的学习规划。

ChatGPT 回答

学习视频调色……（**其余内容略，下同**）我将分为两个部分：调色理论和调色软件。

第一部分：调色理论

学习调色理论……以下是一个学习调色理论的建议路线。

1. 基础颜色理论

- 学习 RGB 和 CMYK 颜色模型。
- 了解颜色轮、互补色、三原色等基本概念。

2. 色彩情感和情绪

- 研究不同颜色如何影响观众的情感和情绪。
- 学习如何选择特定颜色以传达你视频的主题或情感。

……

第二部分：调色软件

选择合适的调色软件并熟练掌握它是学习视频调色的关键。以下是学习调色软件的建议路线。

1. 选择调色软件

- 了解市场上常用的调色软件，如 Adobe Premiere Pro、DaVinci Resolve、Final Cut Pro 等。

● 根据你的需求和预算选择一个软件，然后下载并
安装。

……

最重要的是……祝你成功学习视频调色！

（注：以上内容由 ChatGPT 生成，有删节）

上述示例中，提问时虽然加入了"软件操作"和"理论知识"两个关键词，给了 ChatGPT 比较关键的信息，但是由于给的内容比较笼统，因此 ChatGPT 的答案看似完整，但实操性不强。

【让表达更准】

（1）给出具体的理论。直接将调色背后涉及的理论知识大纲告诉 ChatGPT，如果不知道这份大纲具体包括哪些内容，可直接向 ChatGPT 提问："请告诉我视频调色涉及哪些理论知识？"

正常来说，视频调色背后起码涉及颜色理论、色彩心理学、对比度、曝光、亮度等方面的知识。

（2）明确调色软件。如果不明确调色软件，ChatGPT 就无法根据某一特定软件来制定系统性的学习规划，无法输出更加具体、详细的内容。

【让结构更好】

既然是一份学习规划，就必须要有确定的学习时间。设置好学习时间，不仅可以让学习规划的参考性更强，也可以让学习规划的逻辑性更强、结构更完整。

经过上述优化后，我们再向 ChatGPT 提问，示例如下。

用户提问

假设你是一名非常优秀的学习规划师，请你发挥特长，为我设计一份"视频调色学习规划"，我可以为你提供以下信息。

学习目标：深入了解视频调色背后的理论知识，熟练操作视频调色软件。

学习时间：2 个月，每天 2 小时。

至少包括的理论知识：色彩原理、光影基础、颜色心理学等内容（需要你在此基础上作扩展）。

调色工具：达芬奇。

要求：满足我的要求的前提下，不限制你任何形式的发挥，内容完整、指导性强即可。

ChatGPT 回答

为了帮助您……（详细内容略，下同）提高您的技能。

学习目标

深入了解视频调色的理论知识，包括色彩原理、光影

基础、颜色心理学等，并能熟练操作达芬奇软件进行视频调色。

学习时间

2 个月，每天 2 小时。

学习计划

第 1 周：基础理论知识

Day 1 ~ 2：介绍视频调色的基本概念和重要性。

Day 3 ~ 4：色彩原理和颜色空间的基础知识。

Day 5 ~ 7：光影基础和颜色温度的理论。

第 2 周：颜色心理学和调色理论

Day 1 ~ 3：颜色心理学的基础知识和色彩对情感的影响。

Day 4 ~ 7：调色理论，包括色轮、互补色、对比度等。

……

每周的周末：项目练习

● 每周末完成一个小项目，应用您所学的调色技巧。

附加学习资源

● 阅读相关书籍和在线文章。

● 观看视频教程，特别是与达芬奇软件相关的。

● 参加在线调色社区，与其他学习者分享经验和作品，获得反馈。

学习评估

略。

学习挑战

略。

这份学习规划将……祝您学有所成!

(注：以上内容由 ChatGPT 生成，有删节)

虽然为了节省篇幅在上述演示中略去了部分内容，但是可以看到，优化了提问内容后，ChatGPT 生成的内容明显更完整、更详细，不仅表达得更加准确、清晰了就连逻辑性和结构完整性都得到了不小的提升。

4.2.3　生成学习效果检验检测

当我们需要检验学习效果或学习成果时，有多种工具和形式可以使用，具体的选择取决于学科、目标和学习材料的性质。ChatGPT 作为一个 AIGC 工具，可以生成各种类型的测验题目，帮助相关人员进行测试，评估学习成果。

需要注意的是，虽然 ChatGPT 可以提供一些帮助，但最终的学习效果仍然取决于学习者的努力和专注。学习是一个主动的过程，而 ChatGPT 只是一个工具，我们要做的是学会使用工具而非依赖工具。

用户提问

我已经自学了一段时间商务英语了，我现在想检验一下学习成果，请为我生成一份检测试卷。

ChatGPT 回答

当然可以帮您生成一份商务英语的检测试卷。以下是一份简单的商务英语检测试卷，包括听力、阅读和写作部分。您可以根据需要进行调整或扩展。

商务英语检测试卷

听力部分（共 20 分）

第一部分：听力理解（10 分）

请听以下对话，然后回答问题。

1. What is the main topic of the conversation?

   A. Travel plans

   B. Sales figures

   C. Office supplies

2. What will the woman do next?

   A. Book a flight

   B. Call a client

   C. Attend a meeting

……（其余内容略）

阅读部分（共 30 分）

第一部分：阅读理解（15 分）

阅读以下短文，然后回答问题。

A Meeting Invitation

……（其余内容略）

11. What is the purpose of the invitation?

  A. To request attendance at a conference

  B. To promote a product

  C. To announce a new company

……

写作部分（共 20 分）

第一部分：邮件写作（10 分）

请您以英语写一封邮件，回复以下情景：

（其余内容略）

请以英语写一篇短文……您的回复应包括至少 150 个
单词。

（注：以上内容由 ChatGPT 生成，有删节）

可以看到，上面这份商务英语检测试卷是不合格的，例如，
试卷中出现了听力部分，但 ChatGPT 一般是无法生成音频的，因
此这个听力部分便失去了意义。

另外，这份试卷除了听力部分，只剩下阅读理解和写作部分，

这显然不够完整。

综合来看，这份商务英语检测试卷的结构需要调整。

【让结构更好】

（1）明确题型及数量。提问时，我们要准确告诉 ChatGPT 这份试卷包括哪些题型，每种题型有多少数量。

（2）明确试卷性质。"商务英语"这个说法仍然比较宏观、比较笼统，提问者可直接告诉 ChatGPT 自己到底想检测哪一方面，如着重检测语法、着重检测长难句等。

（3）明确答案与解析。答案与解析也是一份试卷的重要组成部分，没有答案与解析，检测后的评估将会变得很困难。

经过上述优化后，我们再向 ChatGPT 提问，示例如下。

用户提问

> 请帮我生成一份商务英语检测试卷。我有以下要求。
>
> 1.题型。必须包括单项选择题、完形填空题、阅读理解题、翻译题、写作题。其中，翻译题的形式为中译英。
>
> 2.数量。单项选择题、完形填空题各30题，阅读理解题10题，翻译题5题，写作题2题。
>
> 3.难度。着重考察阅读理解题，增加这部分题目的难度。其他部分的难度不低于英语六级。

4.答案与解析。需提供完整、详细的答案与解析，但需与试卷分开，附在试卷最后。

5.我需要一份完整、真实的检测试卷，不得省略。

ChatGPT 回答

以下是一份符合您要求的商务英语检测试卷。

商务英语检测试卷

（时间：120 分钟 总分：150 分）

第一部分：单项选择（共 30 题，每题 1 分，共 30 分）

从 A、B、C、D 四个选项中选择一个正确答案。

1. The company _____ to expand its operations in the Asian market.

 A. is planning   B. plans

 C. planned   D. will plan

……（其余内容略）

30. In international business, _____ communication is essential to avoid misunderstandings.

 A. efficiently   B. efficiency

 C. efficient   D. efficientness

第二部分：完形填空（共 30 题，每题 1 分，共 30 分）

阅读下面短文，从 A、B、C、D 四个选项中选择一个正

确答案，填入空格内。

……（其余内容略）

第三部分：阅读理解（共 10 题，每题 3 分，共 30 分）

阅读以下短文，然后回答问题。

文本 1：

Most businesses …… website.（其余内容略）

问题：

1. What is search engine optimization (SEO)?

（其余内容略）

第四部分：翻译（共 5 题，每题 5 分，共 25 分）

将以下中文句子翻译成英文。

1. 他们正在进行一项市场调查，以了解客户需求。

（其余内容略）

5. 他的领导能力和决策能力在困难时刻得到了充分展示。

第五部分：写作（共 2 题，每题 25 分，共 50 分）

题目 1：略。

题目 2：略。

答案与解析

略。

（注：以上内容由 ChatGPT 生成，有删节）

可以看到，优化后的试卷内容更完整，结构更合理，操作性更强。

4.3 生成朋友圈文案：打造你的个人 IP

4.3.1 生成独具个性的朋友圈文案

对新媒体、自媒体从业者而言，"朋友圈"是一个非常重要的展示自我的平台。ChatGPT 作为一个 AIGC 工具，可从内容建议、语言风格、趋势分析、数据分析、视觉设计等多个角度来辅助相关人员生成独具个性的朋友圈文案。

用户提问

　　我是一名美妆视频博主，最近某品牌的新品唇膏问世了，这款唇膏主打校园风，走的是小清新路线。为此，我想让你帮我生成一份宣传文案。要求：贴近主题，至少使用 3 种修辞手法。

ChatGPT 回答

　　当唇上轻抹这款新品唇膏……（详细内容略）为你绘制出这个校园风的美妆故事。

　　1. 比喻：这支唇膏如同校园里的第一缕阳光，轻轻洒在唇上，唤醒了沉睡的少女心，犹如一颗糖果般甜蜜的味道，让人陷入了永恒的甜蜜梦境。

2. 排比：清新、自然、粉嫩，三重魅力交织，校园风轻松驾驭。

3. 拟人：它仿佛拥有独立思维，每一次涂抹都是在为你的自信打 call，为你的校园日常加分。

……

希望这份宣传文案能帮助你成功传达出这款校园风唇膏的魅力，吸引更多粉丝的关注和喜爱。

（注：以上内容由 ChatGPT 生成，有删节）

上述示例中，ChatGPT 生成的文案的质量明显不高，究其原因，还是由于上述示例中的提问看似设置了情景，还给出了明确的关键词和要求，但其实没有告诉 ChatGPT 过多的关于唇膏的具体信息。

【让结构更好】

（1）明确文案框架。一份唇膏的宣传文案，视篇幅长短，应该至少包括产品名称、产品优势、产品特点、产品受众、产品价格等信息，若是篇幅较长，还可加入产品品牌故事等内容。若不知道如何确定以上内容，可向 ChatGPT 或其他 AIGC 工具提问。

（2）明确文案风格。文案风格是由其受众和品牌特点决定的，因此，我们提问时必把这两点信息确定好。

（3）明确文案篇幅。ChatGPT 生产的内容可长可短，因此必须给它一个长度限制，这个限制需要考虑到文案的展示平台——朋友圈。

经过上述优化后，我们再向 ChatGPT 提问，示例如下。

用户提问

> X 品牌的新款唇膏马上就要上市了，假设你作为该品牌的自媒体合作人，需要为其设计朋友圈宣传文案并发送。请你在以下前提下完成文案设计。
>
> 1.产品名称：青春之色。
>
> 2.产品外观：淡绿色简约包装。
>
> 3.产品受众：在校大学生以及同年龄段女性用户。
>
> 4.产品特点：清新淡雅，适合塑造干净、简单、清爽的妆容。
>
> 5.产品价格：59 元一管。
>
> 6.产品优势：性价比高，颜色好看百搭。
>
> 7.文案风格：活泼、生动、有张力。
>
> 8.其他要求：文案要至少包括以上信息，也可再补充其他你认为合适的信息，不得超过 500 个字。

ChatGPT 回答

【新品预告】青春之色

嘿，亲爱的大学生小仙女们！X 品牌的全新唇膏"青春之色"即将闪亮登场！

清新淡雅，唤醒你的清爽妆容！

☆ 外观：淡绿色简约包装，简单不失高雅。

☆ 价格：只需 59 元，不挤压你的小金库。

☆ 颜色：百搭之选，一刷出青春自信。

【产品特点】

☆ 清新淡雅：淡绿包装，清爽感十足，让你的妆容永葆青春。

☆ 搭颜色：适合各种场合，从校园到约会都能 Hold 住。

☆ 性价比高：品质卓越，价格亲民，理财小仙女的首选。

这个秋天，让我们一起迎接干净、简单、清爽的妆容，勇敢追求自己的青春之色吧！不要错过这个激动人心的时刻，让我们一起分享"青春之色"的魅力！记得关注我们的官方账号，敬请期待产品上市！

#X 品牌 #青春之色 #清新唇膏 #干净妆容 #性价比 #校园妆容

（注：以上内容由 ChatGPT 生成，有删节）

　　ChatGPT 是一个优秀的 AIGC 工具，除 ChatGPT 外，市面上还有许多其他开放的 AIGC 工具可以使用，如文心一言。我们将优化后的问题输入到文心一言中，得到以下结果。

【青春炸裂！X 品牌唇膏「青春之色」火爆来袭！】

　　嘿，美妆控们！有没有注意到 X 品牌最新推出的唇膏「青春之色」？这绝对是你这个夏天不可或缺的美妆神器！淡绿色的简约包装，就像青春那样清新脱俗，一见就让人爱上！

　　「青春之色」唇膏，是你打造干净、简单、清爽妆容的绝佳选择。颜色自然淡雅，轻轻一抹，就能让你焕发出青春的活力。而且，这支唇膏还有一个秘密：性价比高得让人惊艳！只需 59 元，你就能拥有这个夏天最时尚的色彩！

　　颜色好看，价格又这么亲民，难怪「青春之色」一上市就引爆了美妆圈！无论是校园里的在校大学生，还是同年龄段的女性用户，大家都纷纷表示：这支唇膏，真的是夏天的必备！

　　别再犹豫了，赶紧入手一支「青春之色」唇膏，让你的夏天更加色彩斑斓！这个价格，这个颜色，只在这个夏天才有，错过可就遗憾啦！#X 品牌唇膏 #青春之色 #美妆控

　　（注：以上内容由文心一言生成，未改动）

可以看到，文心一言生产的内容和 ChatGPT 是两种风格，但不管是在风格还是结构上，都比优化调整前生成的内容要更好。

4.3.2　通过朋友圈完成价值变现

利用朋友圈实现价值变现的途径有很多，如赞助推广、带货产品、付费订阅、付费咨询与培训等。需要注意的是，新媒体和自媒体的从业者不要把朋友圈限制为某个单一软件的对外交流空间，所有社交平台的对外展示版块，都可以成为宣传自我的"朋友圈"。

要成功实现朋友圈的价值变现，关键是建立坚实的个人品牌并提供有价值的内容。不同的变现策略可以结合使用，根据受众和内容类型来选择最适合的方式。

在这之前，有一个重要的问题是：如何优化朋友圈？在这方面，ChatGPT 或许可以帮助你。

用户提问

我是一名数码区的自媒体工作者，我的频道的订阅量目前刚刚破万，已经具备一定的变现能力了。目前，我正苦恼于如何通过自己所在的视频平台自带的"动态"版块以及个人微博来扩大影响力，提高变现能力。请你为我撰写一份变现方案。要求：内容完整、逻辑清晰、操作性强。请分点详细说明。

ChatGPT 回答

恭喜你的订阅量突破万！……（详细内容略，下同）实现这一目标。

1. 内容策略和优化（详细内容略）。

2. 与观众互动（详细内容略）。

3. 合作与交流（详细内容略）。

4. 变现途径。

广告合作：开始与品牌和广告商合作，在你的视频中插入有关数码产品的广告或赞助内容。

付费订阅模式：如果你的内容足够吸引人，考虑为观众提供付费订阅，以获取额外的专属内容或福利。

个人品牌推广：利用你的知名度和影响力，开展个人品牌推广，可以通过出售自己的产品、在线课程或数码产品评论来增加收入。

5. 数据分析和反馈（详细内容略）。

6. 品牌建设和自我推广（详细内容略）。

7. 法律和合规（详细内容略）。

最重要的是……进一步提升你的自媒体事业。

（注：以上内容由 ChatGPT 生成，有删节）

可以看到，上述示例中，ChatGPT 生成的方案结构不够合理，最为关键的变现途径部分也比较简单，只有大致介绍，没有具体

内容。这是因为我们在提问时没有告诉 ChatGPT 什么是方案，没有向其提供一份"模板"，从而导致其生产的内容难以满足需求。

【让结构更好】

一般而言，一份完整的方案应包括标题、方案背景、方案目标、解决措施等模块的内容，用户提问时，应该将这些问题——明确。

经过上述优化后，我们再向 ChatGPT 提问，示例如下。

用户提问

> 假如你是一名方案设计专家，请为我设计一份利用个人微博及视频平台"动态"版块实现价值变现的方案。
>
> 方案背景：我是一名数码区的自媒体工作者，我的频道的订阅量目前刚刚破万，已经具备基本的变现能力。
>
> 方案目标：优化社交平台对外输出内容，利用个人微博以及视频平台"动态"版块实现价值变现。
>
> 解决措施：即变现的方法与步骤，二者缺一不可，具体内容由你确定，至少包括 3 种以上的方法，步骤需具体、详细、操作性强。
>
> 要求：方案内容完整，标题、方案背景、方案目标、解决措施这几个基本模块必须涵盖，在方案最后，估算各种变现途径所需要规划的资源和成本。

ChatGPT 回答

方案标题

个人微博与视频平台"动态"版块实现价值变现方案

方案背景

略。

方案目标

通过……提高粉丝互动、吸引广告商和赞助商……从而实现以下目标。

1. 提高自媒体频道……

2. 制定多元化的……

3. 最大限度地提高变现效益。

解决措施

以下是实现方案目标的三种主要方法和详细步骤。

1. 内容策略优化

（1）定期更新内容：确保您的频道保持活跃，每周至少发布 3 ～ 5 条高质量的内容。

（2）内容多样性：涵盖不同的数码主题，吸引更广泛的受众。

（3）互动性强：积极与粉丝互动，回复评论，开展问答环节，创建投票活动等。

（4）贴合时事：关注数码领域的热点事件，及时发布相关内容。

（5）制定内容日历：提前规划并安排发布时间，确保持续性和稳定性。

2. 广告合作与赞助

略。

3. 电商与推广

略。

4. 资源和成本估算

略。

综合来看……实现更多的价值变现。

（注：以上内容由 ChatGPT 生成，有删节）

经过对比不难发现，优化后的方案结构更清晰，内容更完整。尤其是在变现途径（解决措施）模块，内容更具体，参考性更强。

4.4　生成自媒体文章：吸睛吸粉吸流量

4.4.1　生成抖音、快手、小红书风格的文章

抖音、快手和小红书等平台在当今社会具有强大的影响力，这些平台也是新媒体和自媒体工作者的首选平台，因此，相关从业人员必须掌握这些平台的特点，生成符合平台氛围的文案，以提高在相应平台的知名度。

用户提问

假设我是一名抖音达人，经常在抖音分享关于美食的视频，现在，我想分享我最近学的一道新菜——鲜椒兔，请为我生成一份视频文案。要求：文案要符合抖音平台的特点和鲜椒兔的特点；仅需文字，不需要关于视频节奏、镜头语言方面的内容。

ChatGPT 回答

快来一起体验美味与辣！

嗨，抖音家人们！最近我学会了一道令人垂涎欲滴的新菜肴——鲜椒兔！这可不是一般的辣，而是辣中带着一丝丝的麻，让你回味无穷，停不下来的那种！

为什么叫它"鲜椒兔"呢？

因为这道菜就像一只小兔子，柔嫩多汁，让你欲罢不能！而那一大堆的新鲜辣椒，不仅仅是辣，更是一种独特的风味，带给你无限的享受！

辣椒的火辣，兔肉的鲜美，还有秘制的香料调配，这一口绝对让你心花怒放！不信的话，就跟我一起做吧！

#美食探索 #辣味风暴 #鲜椒兔 #抖音美食 #火辣美味 #秘制配方 #麻辣独家 #舌尖上的中国

（注：以上内容由 ChatGPT 生成，有删节）

不难发现，上述示例中，ChatGPT 生成的内容存在表达不准、用词不当的问题。鲜椒兔是一道以兔肉为主要食材烹饪而成的美食，但是 ChatGPT 却形容其为"这道菜就像一只小兔子"，这是不合适的。

另外，这篇文章整体语言风格不大成熟，如"更是一种独特的风味，带给你无限的享受""这一口绝对让你心花怒放"等，因此，这篇文章还需要进一步优化。

【让表达更准】

向 ChatGPT 发问时，我们需要直接告诉它"鲜椒兔"这道菜的基本制作工序和口味特点，让其理解这道菜的基本意思。

【让用词更妥】

我们可以采用追问的形式优化词汇，如在追问中直接告诉 ChatGPT："在上面的回答中，'这道菜就像一只小兔子'存在形容不恰当的问题，'更是一种独特的风味，带给你无限的享受''这一口绝对让你心花怒放'等句子的表达方式太过简单，不够吸引人。"

用户提问

很高兴你能为我生成上述内容，但是我需要强调的是，鲜椒兔是指用兔肉、青红椒等材料烹饪而成的菜品，具有麻、辣、鲜、香的特点，因此你上次回答中形容"这道菜就像一只小兔子"是不合适的。请正确理解鲜椒兔的基本概念。

另外，上次回答中的"更是一种独特的风味，带给你无限的享受""这一口绝对让你心花怒放"等语句比较简单、直白，用词不够恰当，语句不够优美，希望你改进。

请结合你已有资料，认真研究抖音、快手、小红书等平台的文章风格，再结合我的上述要求，为我生成三个平台的三份不同风格的文章。

ChatGPT 回答

理解您的要求，针对鲜椒兔这道菜品，我将为您生成三份不同风格的抖音、快手和小红书文章。

抖音风格

麻辣鲜香，打翻味蕾的一道绝品！

Hey 抖音小伙伴们！最近我迷上了一道令人上瘾的菜——鲜椒兔！这个鲜、辣、香、麻的组合真是太完美了，简直就是味蕾的狂欢啊！

兔肉嫩滑，青红椒的火辣，再加上麻辣调味，简直是完美的结合！每一口都是一次全新的味觉冒险，绝对停不下来！

如果你也喜欢挑战辛辣，一定不要错过这个热辣美味！

记得点赞分享哦，让更多人一起来品尝这个火辣麻辣的美食！

＃美食探险＃抖音达人＃鲜椒兔＃火辣美味＃辣味狂欢

快手风格：略。

小红书风格：略。

（注：以上内容由 ChatGPT 生成，有删节）

优化过后的文章用词更准，表达更流畅，不仅没有明显的语病和逻辑漏洞，还有"兔肉嫩滑，青红椒的火辣，再加上麻辣调味，简直是完美的结合"这样比较吸引人的句子。

4.4.2　生成微博、博客文章

近年来，短视频平台异军突起，仿佛占据了人们的所有视野，但其实，微博、博客等传统社交平台仍具有庞大的市场，因此，作为一名新媒体或自媒体工作者，必须会写微博，会发博客。

用户提问

假设我是一名数码测评区的自媒体博主，最近某国产手机厂商发布了最新旗舰手机——×系列，我需要一份专门为微博粉丝定制的文字版测评，请你为我生成这份文字版测评。

ChatGPT 回答

数码测评 | 国产新巅峰 —— × 系列最新旗舰手机

大家好，我是 ×××（你的名字），今天给大家带来了一份期待已久的测评，中国制造数码新巅峰，最新旗舰手机 × 系列。

外观与设计：首先，让我们从外观……（详细内容略，下同）都能满足你的需求。

性能表现：在性能方面，× 系列搭载了……轻松胜任。

摄影与影像：对于摄影爱好者来说，× 系列也不会让你失望……高质量的照片和视频。

电池续航：电池续航……就能为你的手机提供足够的电量。

操作系统与生态系统：× 系列运行的操作系统……更多的便利和选择。

总结：综合来看，……让你爱不释手。

这只是我个人的测评……感谢大家的支持！

#数码测评#手机测评#× 系列 # 旗舰手机

（注：以上内容由 ChatGPT 生成，有删节）

上述示例中，ChatGPT 生成的内容存在一些问题。首先，"国产新巅峰"等极限用语不宜使用。其次，这份文字测评给出了一些测评角度，如外观、性能、续航等，但是这些角度选取得比较

通用，不能展示手机的特点，而且相关描述也不够专业。因此，这篇文字测评还需要进一步优化。

【让表达更准】

既然不推荐极端词汇，那就在提问时，直接向 ChatGPT 下达命令，要求其不得出现"巅峰""最""极限""顶级""最佳"等极限用语。

另外，我们还可以告诉 ChatGPT 测评会在哪个平台展示，让其模仿该平台的主流测评文案的风格。

【让用词更妥】

为了让 ChatGPT 输出的内容中用词更恰当，我们可与其进行"角色扮演"，如让其扮演一名手机方面的发烧友或产品经理。

【让结构更好】

这是一份发在微博上的文字测评，因此必然会受到篇幅的限制，那么在这篇文字测评中，到底要突出手机哪方面的优势，需要事先与 ChatGPT 确认好，如摄影方面、续航方面、屏幕素质方面等。

经过上述优化后，我们再向 ChatGPT 提问，示例如下。

用户提问

假设你是一名专业的数码区自媒体工作者，最近某国产手机厂商发布了最新旗舰手机"×系列",现请你为我撰写一篇文字版的测评报告,我将把这篇报告在我的个人微博展示,也请你注意吸取微博平台的文案风格。

关于测评的主要内容,手机测评常见的性能、外观、个性化功能、跑分情况等都需要涉及,其中,需要重点说明的是其优秀的屏幕素质和摄影功能。

其他要求:介绍只需要文案,不需要给出具体的参数信息,具体信息我将自行补充;另外,请务必不要出现"巅峰""最""极限""顶级""最佳"等极限用语。

ChatGPT 回答

标题:全新 × 系列手机:用心设计,为你而生

大家好,今天我要为大家介绍一款备受期待的国产手机——全新的 × 系列。这款手机……(详细内容略,下同)备受瞩目……性能、外观和个性化功能……展现出了……屏幕素质……各个亮点。

【屏幕素质】

首先,让我们聊聊这款手机的屏幕……这块屏幕都能够带来非凡的视觉享受。

【摄影功能】

当然,对于现代手机来说,摄影功能也是一个重要的考

量因素……不做作，一切都尽在掌握之中。

【性能与个性化功能】

在性能方面，×系列手机也没有让我们失望……此外，手机还提供了一系列贴心的个性化功能……你的私人助手。

【跑分情况】

关于跑分情况……大家可以……查看……可以肯定的是……性能足以满足……需求……流畅地运行。

总之，×系列手机……都表现出色……不要错过……优点和特色。

（注：以上内容由 ChatGPT 生成，有删节）

优化后的文案不仅没有了极端词，还有了"用心设计，为你而生""非凡的视觉享受""不做作，一切都尽在掌握之中"等比较"上档次"的描述。另外，优化后的文案重点更突出，特色更鲜明，这说明上述优化是非常有效的。

第 5 章

用 ChatGPT 辅助创作毕业论文、学术论文与项目申报书

学会使用 ChatGPT 等一系列 AIGC 工具来辅助写作论文，可以帮助每一个与论文写作打交道的人（大学生、研究生、大学老师、科研人员，乃至每一个需要通过写论文来评奖、评优、评定职称的人）提高论文写作效率，提升论文写作质量，写出高质量论文，秒变论文写作高手！

5.1　毕业论文：让你不再为毕业论文发愁

对于每年应届毕业的大学生来说，毕业论文写作都是一件令人头疼的大事。学会利用 ChatGPT 等一系列 AIGC 工具来辅助写作，能够让毕业论文写作这件事轻松很多。

当然，不同级别的毕业论文（本科生毕业论文与硕士研究生、博士研究生毕业论文）在写作过程中既存在一些共性，也有着显著的差异，下面分别阐述。

1. 相同点

（1）撰写选题报告。毕业论文都需要撰写选题报告，并且这个过程可以使用 AIGC 工具来快速生成。

（2）进行文献综述。毕业论文都需要对相关文献进行综述和引用，这个过程也可以利用 AIGC 工具来快速生成。

（3）规划编写整体架构与全文。毕业论文的整体架构和全文内容，在不同级别的论文中都是需要进行规划和编写的。

2. 差异点

（1）本科生论文与研究生论文的题目深度和广度差异较大，研究生论文需要更深入的研究，并且要有独到的见解和贡献。

（2）硕士研究生毕业论文和博士研究生毕业论文需要更加注重内容的细节，同时还需要考虑其学术性和可行性的高要求。

（3）在论文查重和修改方面，研究生论文的要求更为严格和复杂，需要更深入的技术支持。

总体来说，不同级别的毕业论文要求的研究深度和层次有显著差别，硕士研究生、博士研究生毕业论文的要求远高于本科生毕业论文的要求，硕士研究生毕业论文的要求又低于博士研究生毕业论文的要求。

当然，各种级别的毕业论文都可以使用 ChatGPT 等 AIGC 工具来辅助写作。毕业生使用 ChatGPT 辅助毕业论文的写作，不仅可以提高效率和减少时间成本，同时也能提升论文的质量和水平。因此，无论是本科生、硕士生还是博士生，ChatGPT 都可以为他们的毕业论文写作提供极大的帮助和支持。

5.1.1 快速生成选题报告

用户提问

如何快速生成选题报告？

ChatGPT 回答

利用 AIGC 工具可以快速生成选题报告，以下是具体步骤。

1. 确定研究领域和兴趣点。首先，毕业生需要明确自己的研究领域和感兴趣的主题。这有助于 AIGC 工具更好地理解你的需求并提供相关建议。

2. 调用 AIGC 工具进行对话。使用适当的引导语向 AIGC 工具提出关于选题报告的问题，例如，"我想快速生成一个选题报告，可以给我一些关于 ×× 领域的研究热点和待解决问题吗"，或"请帮我列举一些适合本科生的研究选题"。

3. 探索和整理内容。AIGC 工具会根据你的问题和要求生成相关的选题报告建议。仔细阅读回答内容，并注意其中的主要研究热点、待解决的问题和可能的研究方向。

4. 整理和编写。根据 AIGC 工具提供的选题报告建议，将相关内容整理成完整的选题报告。你可以结合自己的理解和补充，使报告更加完善和符合个人需求。

在整个过程中，与 AIGC 工具的对话可以多次进行，以获取更多详细和具体的建议。同时，毕业生仍需运用自己的判断力和专业知识来评估生成内容的可行性和适用性，以确保选题报告的质量和准确性。

（注：以上内容由 ChatGPT 生成，未改动）

【让结构更好】

在使用 ChatGPT 辅助生成毕业论文选题报告时，以下几点建议可以帮助毕业生让生成的内容结构更好、更合理。

（1）提供清晰明确的背景介绍。引言部分需要简要概述研究领域的背景和重要性，确保对选题进行充分解释，使读者能够理解问题的背景和意义。

（2）确定明确的研究目标和问题陈述。在引言部分明确指出你的研究目标，并在问题陈述中提出一个明确的问题或假设，以指导你的研究。

（3）使用逻辑有序的章节划分。将报告的主体部分按照逻辑顺序划分章节，每个章节专注于一个具体方面，并确保章节之间的主题转换自然流畅。

（4）提供充实的文献综述。涵盖与选题有关的重要文献，并详细讨论前人的研究观点和成果，确保文献综述是全面的、有条理的。

（5）详细描述研究方法和数据分析。清晰地描述你的研究方法、数据来源和分析技术，确保读者能够理解，并可以重现你的研究过程。

（6）结果和讨论的逻辑呈现。在结果和讨论部分，清晰地呈现你的研究结果，确保结果和讨论与你的研究目标和问题陈述一致，并避免主观推测。

（7）结论和展望的总结。在结论部分，总结你的研究成果，并提出对未来进一步研究的展望，强调你的研究的重要性和贡献。

（8）审校和修改。在使用 ChatGPT 生成选题报告后，务必进行仔细审校和修改，确保文本的准确性、连贯性和专业性。

当然，ChatGPT 只是一个辅助工具，在使用 ChatGPT 生成毕业论文选题报告时，毕业生要审慎评估生成文本的质量，并结合自己的专业知识和判断进行适当的修改和完善。

下面以引导文心一言生成一份行政管理专业的本科生毕业论文选题报告的问答过程举例，以下是问答与引导的全过程（限于篇幅，生成内容有删节）。

用户提问

　　我是一名即将毕业的行政管理专业大四学生，需要写毕业论文，帮我构思三个关于日本向大海倾倒核废水事件研究的选题，生成三个题目。

文心一言回答

　　2023 年 8 月 24 日下午 1 时，日本政府无视国际社会的强烈质疑和反对，单方面强行启动福岛核事故污染水排海。

日方所作所为是将风险转嫁给全世界……

（注：以上内容由文心一言生成，有删节）

用户追问

生成三个毕业论文题目。

文心一言回答

以下是可以考虑的三个关于日本向大海倾倒核废水事件的毕业论文题目。

1. 日本核废水排放政策的影响研究。这个选题可以关注日本政府在核废水排放方面的决策过程、影响因素，以及对国内和国际社会的影响……

2. 核废水排海对海洋生态环境的影响。这个选题着重于研究核废水排海对海洋生态环境的影响……

3. 国际社会对日本核废水排海的反应研究。这个选题可以关注国际社会对日本核废水排海事件的各种反应……

（注：以上内容由文心一言生成，有删节）

用户追问

毕业论文题目需要符合行政管理专业的要求，帮我重新生成。

文心一言回答

好的，以下是可以考虑的三个符合行政管理专业要求的题目。

1. 行政决策过程中的核废水排放管理研究。这个选题可以从行政管理的角度出发……

2. 核废水排海事件的公共政策议题研究。这个选题可以将核废水排海事件作为一个公共政策议题……

3. 日本核废水排海事件与国际合作。这个选题可以关注日本核废水排海事件在国际合作方面的问题……

（注：以上内容由文心一言生成，有删节）

用户追问

以第二个选题生成选题报告。

文心一言回答

以下是可以考虑的第二个选题报告。

核废水排海事件的公共政策议题研究

一、研究背景

日本政府在 2023 年 8 月 24 日单方面强行启动福岛核事故污染水排海，这一事件引起了全球范围内的广泛关注和质疑……

二、研究目的

本选题旨在从公共政策角度出发，深入探讨日本政府在核废水排海事件中的决策过程、影响因素及面临的挑战……

三、研究方法

本研究将采用文献资料法、案例分析法和专家访谈法等多种研究方法……

四、研究结果与讨论

本研究将详细介绍日本政府在核废水排海事件中的决策过程、影响因素及面临的挑战……

五、结论和建议

本研究得出以下结论……

提出以下建议……

六、参考文献

[列出参考文献]

（注：以上内容由文心一言生成，有删节）

回顾以上对文心一言的追问与引导过程，用户第一次提问就提到了后续两次追问的所有关键限定性提示词，包括"即将毕业""行政管理专业""大四学生""毕业论文""日本向大海倾倒核废水事件""三个选题""三个选题题目"，但文心一言只是生成了这一新闻事件的内容，在用户一再追问、引导及强调提示词"生成三个毕业论文题目""需要符合行政管理专业的要求，帮我重新生成"之后，生成的结果才逐渐符合用户最初的要求。

【让语句更顺】

要使 AIGC 工具生成的文字语句更加通顺，我们需要注意以下几点。

（1）保持主谓一致。主语和谓语动词要保持一致，如"他很快乐"而不是"他快乐很"。

（2）避免使用重复词汇。使用不同的词汇和表达方式可以使文本更生动且富有变化。

（3）注意词语搭配。我们要注意词语的正确搭配，如"提高效率"，而不是"增强效率"。

（4）选用适当的语气。我们应根据需要选用适当的语气，如礼貌、正式或非正式等。

（5）正确使用标点符号。正确使用标点符号可以使文本更清晰、更易读。

（6）重复检查。在完成一段文字后要重复检查，看是否有语法错误或表达不清的地方，并及时修正。

5.1.2　快速生成参考文献与综述

用户提问

如何快速生成毕业论文的参考文献与综述？需要注意哪些要点？

ChatGPT 回答

生成毕业论文的参考文献和综述需要一定的时间和专业知识，以下是一些建议和要点。

1. 确定研究领域和关键词。首先，明确自己所研究的领域和具体的研究主题。然后，确定相关的关键词，以便进行文献检索和查找。

2. 文献检索与筛选。利用学术搜索引擎、数据库或图书馆资源进行文献检索，找到与研究主题相关的学术论文、期刊文章、会议论文等。根据论文的质量、权威性和适用性进行筛选，选择与自己研究的主题紧密相关的文献。

3. 阅读和理解文献。仔细阅读选定的文献并理解其中的研究方法、实验设计、结果和结论等内容，注意提取出重要的观点、关键词和数据，以备后续参考和引用。

4. 综述的撰写。在撰写综述时，你可以按照时间顺序或主题分类的方式组织文献，对每篇文献进行简要介绍，指出其研究目的、方法和主要结论，并分析不同文献之间的联系和差异。同时，提供自己对文献的评价和批判性思考，包括优点、局限性和潜在研究机会等。

5. 参考文献的格式。确保参考文献的格式符合所采用的学术引用规范。参考文献应包括作者姓名、文章标题、期刊名称、发表日期、页码等信息，并按照特定格式进行排版。

在参考文献和综述的生成过程中，你需要注意以下要点。

1. 确保文献的权威性和可靠性。尽量选择来自学术期刊、会议论文或被广泛引用的著作。

2. 注意文献的发布日期。尽可能使用较新的研究成果以反映当前领域的最新发展。

3. 避免偏见和片面性。综述中需要体现对不同观点和研究结果的客观评价。

4. 务必遵循学术诚信原则。在引用他人观点、数据和实验结果时，务必添加适当的引用标注。

需要指出的是，AIGC 工具可以提供一定的辅助，例如，根据问题生成相关的文献摘要和参考文献格式，但最终的判断和整理工作仍需由毕业生来完成。

（注：以上内容由 ChatGPT 生成，未改动）

【让逻辑更通】

在使用 ChatGPT 辅助生成论文的文献综述时，以下几点建议可以帮助毕业生让生成的内容逻辑更通顺，结构更紧凑。

（1）针对每个文献，简洁地介绍其背景和主要贡献，避免过多冗长的描述。

（2）根据主题或研究问题进行分类，将相关文献按照相似性或相关性组织起来，使文献综述更具结构性。

（3）使用恰当的连接词和过渡句，将不同文献之间的联系和区别清晰地表达出来，同时确保段落之间的逻辑连贯性。

（4）引用文献时，使用准确的引用格式和规范，并确保引文的一致性和准确性。

（5）侧重于论文的主题和研究问题，避免在文献综述中涉及过多非相关内容，以保持综述的紧凑性。

5.1.3　生成论文整体架构与全文

用户提问

如何生成论文整体架构与毕业论文全文？如何保证毕业论文的原创性？如何规避风险？

ChatGPT 回答

　　生成论文整体架构和毕业论文全文需要遵循一定的步骤和原则，同时也需要注意规避风险和保证原创性。以下是相关建议。

　　1. 确定论文结构。根据学术要求和导师的指导，确定论文整体结构，包括封面、摘要、引言、文献综述、方法、结果、讨论、结论等部分，确保各个部分之间的逻辑和连贯性。

　　2. 撰写引言和背景。在引言部分，阐明研究的背景和意义，提出研究问题，并概述前人研究的现状和不足之处。引言应该引起读者的兴趣并对接下来的研究内容做出合理铺垫。

　　3. 编写方法和材料。描述研究设计、实验步骤和样本选取等方法细节，并提供足够的信息使他人能够复制研究过程。若使用了其他研究方法，需明确引用和说明。

　　4. 展示结果和讨论。展示研究结果包括数据、图表和统计分析，并与前人的研究进行对比和讨论。讨论部分需解释结果的意义、限制和可能的解释，并提出进一步研究的建议。

　　5. 写作风险规避。确保整个写作过程符合学术诚信原则，避免抄袭和剽窃。注意引用他人观点时需标注清楚，并避免过度依赖他人的论述。使用的图片、表格、数据等，尽

量遵循版权规定并标明出处。

6. 保证毕业论文的原创性。确保自己的研究成果具有原创性，避免抄袭和重复发表。在文献综述中，应对前人的研究进行客观评价并与自身的研究区分开，强调自己的贡献和创新之处。

7. 使用反抄袭工具。利用专业的反抄袭检测工具检查论文的原创性，并及时修正可能存在的相似性问题。

需要注意的是，AIGC 工具可以提供建议和指导，但最终的论文撰写工作应由毕业生完成。毕业生应确保自己理解并运用了相关知识，同时与导师保持沟通，以确保论文的质量和完整性。

（注：以上内容由 ChatGPT 生成，未改动）

【让逻辑更通】

要让生成的论文整体架构逻辑更通顺，我们可以遵循以下原则。

（1）保持段落结构清晰。每个段落应专注于一个主题，并使用合适的过渡词来连接不同段落之间的思想。

（2）使用逻辑顺序。确保信息的呈现顺序符合逻辑，如按时间顺序、因果关系或重要性排序。

（3）引入和解决问题。在每个章节或部分开始时引入问题或主题，并在后续文本中给出解决方案或答案。

（4）避免跳跃性转换。在转换章节或话题时，使用适当的过渡句子或段落来帮助读者理解思路的连贯性。

（5）检查逻辑一致性。回顾文档，确保所有陈述和观点都相互协调，没有矛盾或混乱的地方。

（6）进行审校和修改。在生成文本后，仔细检查并修正可能存在的语法错误、句子结构问题和不清晰的表达。

这些原则都有助于提高生成的论文整体架构的逻辑通顺性。

用户提问

如何辅助毕业生进行查重和修改？

ChatGPT 回答

对于毕业生在论文写作过程中的查重和修改，AIGC 工具可以提供以下辅助方法。

查重

1. 利用 AIGC 工具生成的论文草稿进行初步查重，识别是否存在与其他文献相似的内容。

2. 使用专业的查重软件或在线查重工具进行更严格的查重，确保论文的原创性。

3. 借助 AIGC 工具提供的自然语言处理功能，对已知的重复内容进行匹配和标注，以方便毕业生进行修改。

修改

1. 对 AIGC 工具生成的论文结构和内容进行初步的修改和润色，优化文章的逻辑和表达。

2. 借助 AIGC 工具的智能纠错和语法检查功能，修正拼写、语法和标点符号等方面的错误。

3. 针对细节问题，如措辞、文体等，可以通过与 AIGC 工具的对话来寻求意见和建议，进一步完善论文的质量。

需要注意的是，虽然 AIGC 工具可以提供辅助，但最终的查重和修改还是需要毕业生自己进行。毕业生应当对论文负责，并且仍然需要运用自己的专业知识和判断力来确保论文的准确性、学术性和原创性。

（注：以上内容由 ChatGPT 生成，未改动）

用户提问

在毕业论文写作过程中，ChatGPT 能够给毕业生带来哪些具体的便利？如何应用这一工具才能更高效？

ChatGPT 回答

ChatGPT 可以给毕业生带来以下具体的便利。

1. 文献检索和综述。ChatGPT 可以提供相关领域的文献和综述摘要，帮助毕业生快速了解前人研究成果，节省查找和阅读大量文献的时间。

2. 构思和组织。ChatGPT 可以与毕业生进行对话，帮助梳理研究思路，明确论文的主题和结构，并提供有关论文写作的建议。

3. 内容生成。ChatGPT 可以根据毕业生提供的关键词或句子，生成相关文本内容，如段落、结论、讨论等，为毕业论文的撰写提供素材和灵感。

4. 校对和修正。ChatGPT 可以辅助进行语法纠错、句式调整等校对工作，帮助提高论文的语言表达质量和流畅度。

为了更高效地应用 ChatGPT 来辅助毕业论文写作，可以采取以下策略。

1. 充分准备。在与 ChatGPT 交互之前，明确自己所需要的帮助和目标，并整理好所给问题的背景和关键信息，以便 ChatGPT 能够更好地理解并给出有用的回答。

2. 具体问题和明确指导。与 ChatGPT 交流时，尽量提出具体的问题，以便获得更准确和有针对性的回答。同时，在与 ChatGPT 的交互中，给出清晰的指导和要求，以使其生成的内容更符合你的需求。

3. 结合个人思考和判断。ChatGPT 虽然可以提供帮助，但最终的决策和判断应由毕业生自身完成。毕业生在使用 ChatGPT 时，结合自己的专业知识和理解，对生成的内容进行筛选、修改和批判性思考，确保论文的质量和原创性。

4. 多次迭代和改进。ChatGPT 的回答可能需要进一步细化和完善，毕业生可以多次与 ChatGPT 进行交互，逐步调整和改进问答过程，以达到更好的效果。

需要注意的是，ChatGPT 只是一个辅助工具，最终的毕业论文写作仍需由毕业生主导和完成。毕业生应以科学客观的态度使用 ChatGPT，并将其作为论文写作过程中的参考和借鉴之一，而非完全依赖。

（注：以上内容由 ChatGPT 生成，未改动）

5.2 学术论文：辅助你写出高质量的学术论文

5.2.1 辅助论文写作：评奖、评优、评职称"神器"

如何写出高质量的学术论文，特别是可以在工作中参与评奖、评优、评职称的论文呢？

用户提问

如何在 ChatGPT 的辅助下写出高质量的学术论文？

ChatGPT 回答

在 ChatGPT 的辅助下写出高质量的学术论文，可以遵循以下几个步骤。

1. 确定论文主题和结构。在开始写论文之前，明确你的论文主题和论文结构。这包括确定论文的中心观点和目标，并制定一个清晰的大纲。

2. 利用 ChatGPT 展开思路。使用 ChatGPT 并与其进行交互，让它帮助你扩展你的论文思路。你可以向 ChatGPT 提供一些关键信息和问题，然后根据它的回答来获取新的见解和想法。这样可以帮助你拓宽思路，加深对论文主题的理解。

3. 深入研究和阅读相关文献。ChatGPT 虽然强大，但仍有一定的局限性，特别是在要求准确的学术信息方面。因此，在撰写学术论文之前，你要确保已进行充分的研究并阅读了相关的学术文献，这将有助于你获得可靠的数据和支持材料，以提高论文的质量和可信度。

4. 将 ChatGPT 提供的内容与自己的判断相结合。ChatGPT 可以为你提供初步的写作素材和想法，但它并不是

100% 准确和完美的。在使用 ChatGPT 生成文本时，你要结合自己的专业知识和判断进行筛选和编辑，确保文中的事实准确无误，并根据需要进行进一步的论证和解释。

5. 进行反复修改和润色。写作是一个反复修改和润色的过程。将 ChatGPT 生成的文本作为起点，进行反复修改和润色，以确保论文的逻辑性、连贯性和流畅性，并检查语法错误、排版问题和参考文献格式等细节。

6. 请同行或指导教授审阅。在完成初稿后，请同行或指导教授审阅你的论文。他们可以提供有价值的建议和修改意见，帮助你进一步提升论文的质量。

总之，使用 ChatGPT 辅助写作可以提供新的思路和灵感，但在写学术论文时仍然需要依赖深入的研究和自身的专业知识。合理利用 ChatGPT，并结合其他资源和专业指导，可以帮助你写出高质量的学术论文。

（注：以上内容由 ChatGPT 生成，未改动）

那么，如何使用 ChatGPT 自动生成学术论文呢？

用户提问

如何使用 ChatGPT 自动生成学术论文？

ChatGPT 回答

在使用 ChatGPT 自动生成学术论文时，需要注意以下几点。

1. 确定论文结构和内容。在开始使用 ChatGPT 生成论文之前，确保你已经明确了论文的结构和主要内容。这包括引言、方法、结果和讨论等部分。具备清晰的大纲可以帮助 ChatGPT 更好地理解你的需求。

2. 提供合适的提示和问题。为了引导 ChatGPT 生成符合学术要求的内容，你需要给出与论文相关的问题和提示。例如，"请阐述研究目的和研究问题"或"请描述实验设计和数据收集过程"。明确的问题和指导可以帮助 ChatGPT 有针对性地生成合适的回答。

3. 控制生成内容的质量。ChatGPT 生成的文本可能存在一些不准确或不完整的情况，特别是涉及复杂的学术概念和详细的研究方法时。在使用 ChatGPT 生成的内容时，你需要通过人工的审核来评估和修改它所生成的文本，以确保准确性和合理性。

4. 结合专业知识进行编辑。ChatGPT 并不具备完整的学科领域知识，所以生成的内容可能缺乏学术深度和专业性。在使用 ChatGPT 生成的文本时，你需要结合自己的专业知识进行编辑和修改，以确保内容的准确性和合理性。

5. 参考和引用合适的文献。要确保学术论文的可信度和准确性，你需要参考和引用相关的学术文献。ChatGPT 不具备直接访问学术数据库的能力，因此你需要自己进行文献检索和引用，以确保所使用的信息来源可靠。

使用 ChatGPT 自动生成学术论文时，它可以作为一个辅助工具提供一些创意和灵感，但仍然需要人工的审阅和编辑来保证流畅性、准确性和逻辑性。在生成的论文内容中，核心思想、观点和实验结果应该基于深入的研究和专业知识，并经过仔细地筛选和修改。请谨记，使用 ChatGPT 生成的内容不能替代自己的学术贡献和判断力。

（注：以上内容由 ChatGPT 生成，未改动）

【让用词更妥】

要让 ChatGPT 生成的学术论文内容用词更妥当，我们可以采取以下方法进行提示。

（1）提供特定术语和关键词。在与 ChatGPT 的对话中，明确指出你希望使用的特定术语和关键词，这样可以引导 ChatGPT 在生成文本时使用恰当的学术术语。

（2）指定风格和语气。明确告诉 ChatGPT 你期望的学术风格和语气，如正式、客观、学术严谨等，这些提示有助于生成更为恰当的表达方式。

（3）提供示例句子。在对话过程中给出一些示例句子，以展示你期望的表达方式和词汇选择，这可以帮助 ChatGPT 理解并模仿相应的写作风格。

（4）回顾和修改。生成文本后，仔细回顾并检查其中的用词是否恰当。如有需要，你可以对不恰当的用词进行修改和调整，以确保符合学术写作规范。

5.2.2　辅助论文规范化调整

用户提问

> AIGC 工具创作的学术论文是否符合学术规范和要求？

ChatGPT 回答

> AIGC 工具只是一个辅助工具，在遵循学术规范和要求的问题上，还需要由毕业生进行把控和核查。一般来说，学术论文应该符合以下一些规范和要求。
>
> 1. 结构和格式。学术论文应该有清晰的结构和格式，包括文章标题、作者、摘要、正文等部分，且各部分应排版整齐、字体统一、字号规范。
>
> 2. 引用和参考文献。学术论文应准确引用他人的成果，并且在文末列出完整的参考文献，引用格式应符合学术规范。

3.语言表达和规范。学术论文应流畅自然、逻辑严谨、语言精准，同时避免使用口语化词汇和表达方式。

4.学术诚信和规范。学术论文应遵循学术诚信原则，不抄袭、不剽窃、不造假，研究过程和结果要诚实、客观。

使用 AIGC 工具生成学术论文时，写作者需要根据自己的要求及相应的学术规范进行适当的修改和调整，以保证论文的质量和学术价值。

（注：以上内容由 ChatGPT 生成，未改动）

5.2.3　辅助跨学科研究与突破

用户提问

ChatGPT 如何辅助论文写作者实现跨学科研究与突破？

ChatGPT 回答

ChatGPT 可以辅助论文写作者实现跨学科研究与突破的方式有以下几个。

1.提供广泛的知识储备。ChatGPT 可以通过查询各种学科领域的知识库，包括传统学术文献、研究报告、图书等，为你提供跨学科研究所需的背景知识。你可以向 ChatGPT 提出相关的问题，以获得最新的研究进展、观点和理论，从而丰富你的论文内容。

2. 创造性思维的激发。ChatGPT 可以作为一个创意伙伴，与你进行交流和头脑风暴，帮助你发掘论文中的新颖观点和研究方向。你可以向 ChatGPT 提出关键问题，探索可能的解决方案，并接受它的启发和建议。

3. 编辑和校对论文。ChatGPT 可以作为一个虚拟的写作合作伙伴，帮助你编辑和校对论文。它可以提供语法、拼写和写作风格上的反馈，提高论文的表达清晰度和逻辑性。

4. 文献综述的支持。在跨学科研究中，进行文献综述是非常重要的一步。ChatGPT 可以帮助你快速收集并整理相关领域的文献，提供研究摘要和关键信息，帮助你更好地理解和分析现有研究成果，并将其融入你的论文中。

需要注意的是，ChatGPT 应被视为一个辅助手段，而非取代人类思维和判断的工具。虽然 ChatGPT 可以提供有用的信息和建议，但它并不是一个完全可靠的研究工具。在进行学术研究时，仍然需要依赖于正规的学术资源和专业的指导。

（注：以上内容由 ChatGPT 生成，未改动）

【让表达更准】

要让 ChatGPT 辅助生成跨学科研究与突破方面的学术论文选

题，我们可以尝试以下方法进行提示。

（1）引导思考新兴领域。讨论当前新兴的跨学科领域，如人工智能与医疗、可持续发展与城市规划等，并探讨在这些领域中还存在哪些待解决的问题。

（2）针对重大挑战。思考全球范围内的重大挑战，如气候变化、疾病流行等，然后聚焦于解决这些挑战时需要跨学科合作的可能性。

（3）探索学科融合。鼓励 ChatGPT 思考不同学科之间的交叉点，如生物学与计算机科学、心理学与社会学等，并思考如何利用这些交叉点开展研究，实现学科突破。

（4）强调技术与社会影响。关注技术进步对社会、经济及道德伦理等方面的影响，激发 ChatGPT 思考如何解决技术应用过程中的困难与挑战。

（5）联系实际问题。探索与现实问题相关的跨学科研究选题，如粮食安全、能源转型等，鼓励 ChatGPT 思考如何综合多个学科领域的知识和方法来解决这些问题。

通过这些提示方法，我们可以引导 ChatGPT 生成有关跨学科研究与突破方面的学术论文选题，推动创新思维并寻找有前沿性和现实意义的研究方向。

5.3　项目申报书：辅助你成功申报科研项目

用户提问

ChatGPT 如何辅助科研工作者撰写项目申报书并成功申报科研项目？请用 200 ～ 300 字简单回答。

ChatGPT 回答

ChatGPT 可以辅助科研工作者撰写项目申报书并成功申报科研项目的方法如下。

1. 厘清思路。科研申报书需要有合理的研究思路和逻辑。科研工作者可以与 ChatGPT 进行对话，讨论关于项目的目标、研究问题、实施方案等内容，以帮助自己梳理思路……

2. 文字表达。科研申报书需要准确、清晰地表达研究内容和预期成果。ChatGPT 可以为科研工作者提供润色、修改、改进建议，以提高申报书的可读性和表达能力……

3. 参考文献。科研申报书需要引用相关文献支持自己的研究主张。ChatGPT 可以帮助科研工作者搜索和整理文献……

4. 反馈与优化。科研申报书往往需要多次修改和优化。

科研工作者可以与 ChatGPT 进行反复交流，逐步完善申报书的内容和结构。ChatGPT 提供了一个可以随时交流和获得反馈的机会……

综上所述……

（注：以上内容由 ChatGPT 生成，有删节）

5.3.1　辅助生成项目选题和研究方向

用户提问

在项目申报书的项目选题和研究方向的确定上，ChatGPT 的辅助写作功能可以如何帮助科研工作者？

ChatGPT 回答

ChatGPT 的辅助写作功能可以通过以下方式在项目选题和研究方向确定的过程中帮助科研工作者。

1. 提供背景信息。科研工作者可以与 ChatGPT 进行对话，分享自己对项目选题和研究方向的初步理解和想法。ChatGPT 可以提供相关领域的背景知识、前沿研究成果和学术观点，帮助科研工作者获得更全面的了解，并为其确定项目选题提供参考。

2. 探讨研究问题。科研工作者可以与 ChatGPT 一起探讨研究问题，从不同的角度和层面进行思考和讨论。ChatGPT 能够提供多样化的观点、建议和问题，帮助科研工作者深入思考研究问题的关键性、创新性及可行性，从而帮助他们确定合适的项目选题和研究方向。

3. 检索文献和资料。科研工作者可以借助 ChatGPT 的帮助进行文献检索和资料收集，在项目选题和研究方向的确定过程中获取更多的参考信息。ChatGPT 可以帮助科研工作者搜索相关文献，提供摘要和关键信息，缩小研究领域和问题的范围，为科研工作者提供更精确的方向。

4. 提供实施建议。科研工作者可以与 ChatGPT 讨论项目的实施方案和方法。ChatGPT 可以提供实践经验、技术指导和最佳实践建议，帮助科研工作者思考项目的可行性、资源需求和预期成果，进一步细化研究方向和确定项目选题。

总之，ChatGPT 的辅助写作功能通过提供背景信息、引导思考、搜索文献和提供建议等方式，可以帮助科研工作者在项目选题和研究方向的确定上获得更全面、深入的支持，从而提高项目申报书的质量和申请成功率。

（注：以上内容由 ChatGPT 生成，未改动）

【让表达更准】

要让 ChatGPT 辅助生成项目申报书的选题和研究方向，我们

可以使用以下提示词。

（1）研究主题。引导 ChatGPT 思考要研究的主题或问题，如"研究对象是什么""需要解决的问题是什么""可以涉及哪些学科领域"等。

（2）目标与意义。鼓励 ChatGPT 思考研究的目标和意义，如"该项目的主要目标是什么""如果能成功解决这个问题，将会对社会产生什么影响"等。

（3）研究方法。探讨使用哪些研究方法来实现上述目标和解决问题，如"需要进行哪些数据分析""是否需要进行实验以验证结果"等。

（4）队伍构建。提示 ChatGPT 需要考虑哪些人员和机构来参与这个项目，包括"需要哪些专业领域的人才""有哪些合作机构需要加入研究"等。

（5）时间计划。引导 ChatGPT 考虑研究的时间计划和进度安排，如"项目需要多长时间完成""每一个研究步骤需要耗费多少时间"等。

使用以上提示词可以帮助 ChatGPT 更有效地辅助生成项目申报书的选题和研究方向，提高项目申报书的质量和申请成功率。

5.3.2　辅助生成项目计划书和研究方案

用户提问

> ChatGPT 的辅助写作功能如何帮助科研工作者撰写项目
> 计划书和研究方案？

ChatGPT 回答

ChatGPT 的辅助写作功能可以在以下方面帮助科研工作者撰写项目计划书和研究方案。

1. 提供思路和创意。科研工作者可以与 ChatGPT 对话，讨论项目的目标、研究问题和方法。ChatGPT 可以提供新颖的思路和创意，激发科研工作者的灵感，帮助他们拓宽研究思路，探索新的研究领域或解决方案。

2. 文献综述和背景知识。ChatGPT 可以帮助科研工作者收集和整理相关文献，并提供综述和背景知识。它可以根据科研工作者的问题提供相关学术文献和研究资料，帮助他们在项目计划书和研究方案中引用和讨论相关研究成果，提高文献综述的准确性和全面性。

3. 逻辑和结构优化。科研工作者可以将项目计划书和研究方案的草稿与 ChatGPT 对话，寻求建议和意见。ChatGPT 可以帮助优化写作逻辑和结构，提供修改建议，确保文档的

连贯性和清晰度，使得整个项目计划和研究方案更易于理解和阅读。

4. 语言修正和风格指导。ChatGPT 可以帮助科研工作者检查和修正语法错误、拼写错误和语句不通顺的问题。它还可以提供语言风格指导，帮助科研工作者改进写作风格，使文档更规范、准确和具有学术性。

5. 项目管理和时间安排。ChatGPT 可以帮助科研工作者制订项目管理计划和时间安排。通过对话，它可以提供项目实施的建议和资源分配的指导，帮助科研工作者合理规划时间，高效完成项目任务。

需要注意的是，使用 ChatGPT 的辅助写作功能时，科研工作者应当进行审慎判断，并对 ChatGPT 生成的内容进行筛选和修改，以确保项目计划书和研究方案的准确性和科学性。

（注：以上内容由 ChatGPT 生成，未改动）

【让语句更顺】

要让 ChatGPT 在辅助生成项目计划书和研究方案时语句表达更加通顺，我们可以使用以下提示词。

（1）连接词。使用合适的连接词来表达研究的逻辑关系，如"因此""另外""同时""然而""基于此"等。

（2）描述词。使用描述词或形容词来更加具体地表达研究的内容，如"详细说明""具有重要意义的""广泛应用的方法"等。

（3）动词和名词。使用恰当的动词和名词来表达研究的动作和实际内容，如"收集数据""开展实验""探究解决方案""提出新的理论框架"等。

（4）引用文献。引用权威的文献来支持研究方案，这不仅可以使研究更具信服力，还可以加强语句表达的准确性。

（5）避免歧义。尽量避免使用一些歧义性较高的词语或表述方式，如"可能会有""大约"等，而应采用更加准确的表达方式。

正确使用以上提示词可以让 ChatGPT 自动生成的语句表达更加通顺、自然和准确，从而提高项目计划书和研究方案的质量和可读性。

5.3.3　辅助生成项目申请书和答辩资料

用户提问

ChatGPT 的辅助写作功能如何帮助科研工作者生成项目申请书和答辩资料？

ChatGPT 回答

关于项目申请书和答辩资料，ChatGPT 的辅助写作功能可以为科研工作者提供以下方面的支持。

1. 提供结构和内容建议。科研工作者可以与 ChatGPT 对话，讨论项目申请书或答辩准备中的结构和内容。ChatGPT 可以根据领域背景知识和相关要求，提供关于论文结构、章节划分、关键内容和细节等方面的建议，帮助科研工作者合理组织材料和信息。

2. 提供实证支持和数据分析。ChatGPT 可以帮助科研工作者查找和整理相关领域的实证支持，如研究数据、案例研究或先行研究成果。它可以提供具体的数据分析方法、统计结果和解读，从而为项目申请或答辩提供科学依据和支持。

3. 修正语言错误和优化表达。科研工作者可以将自己的申请书或答辩准备材料分享给 ChatGPT，以便进行语法错误的检查和修正，并改善表达方式和逻辑关系。ChatGPT 可以提供写作建议、词汇替换和表达方式的优化，使文档的语言表达更加准确、自然和流畅。

4. 文献引用和参考资料。在项目申请书或答辩资料中，科研工作者需要引用相关的文献和参考资料来支持他们的观点和论证。ChatGPT 可以帮助科研工作者查找和引用合适的文献，并提供正确的引文格式和标注，确保文献引用的准确性和规范性。

5.回答问题和准备答辩。在答辩准备阶段，科研工作者可以与 ChatGPT 对话，模拟答辩过程，并进行问题解答的训练。ChatGPT 可以根据科研工作者的回答提供反馈和指导，帮助他们更好地理解和回答各种问题，从而提高答辩时的应变能力。

需要注意的是，虽然 ChatGPT 可以提供帮助，但科研工作者仍需审慎评估 ChatGPT 生成的内容的准确性和科学性，并保持专业判断和责任意识，确保项目申请书和答辩资料的质量和可靠性。

（注：以上内容由 ChatGPT 生成，未改动）

【让逻辑更通】

借助 ChatGPT 做项目申请书答辩准备时，要让自己的答辩逻辑通畅、结构严谨、思路清晰，我们可以尝试以下方法。

（1）精简语言。在研究介绍和结果分析时，我们应避免使用过于复杂和烦琐的语言，而应该用简洁明了的话语表达自己的观点。

（2）逻辑严密。在答辩过程中，我们需要让自己的逻辑推理清晰可辨。我们可以采用先提出问题，再梳理证据，最后得出结论的方式，让自己的答辩更加有条理。

（3）数据支撑。要让自己的研究更有说服力，我们可以在答

辩中多使用数据和图表等支持材料，同时在解读数据时注意突出重点，并将其与研究结论相结合。

（4）专业术语。在表述研究内容和结果时，我们需要使用相关的专业术语，以使评审委员会更好地理解你的研究内容，但应注意不要滥用或误用专业术语。

（5）时间控制。在答辩过程中，我们应控制好答辩时间，保持清醒的头脑和冷静的思维。如果遇到评审委员会提问，我们应在短时间内做出简洁明了的回答，不要陷入深度解说或僵持不下。

以上方法可以让你的答辩逻辑通畅、结构严谨、思路清晰，并让评审委员会更容易理解和接受你的研究成果。

第 6 章

用 ChatGPT 辅助进行文本概括、纠错和翻译

6.1　文本概括：快速深入地阅读万字长文

6.1.1　快速生成万字长文内容梗概

ChatGPT 可以对一段万字长文进行概括，通过分析文本内容、提取关键信息和主题，生成简洁的摘要，以捕捉原文的核心思想和重要细节。使用 AIGC 工具自动生成文本概括可以按照图 6-1 所示的步骤进行。

图 6-1　AIGC 工具自动生成文本概括的步骤

1. 选择文本

选择需要概括的文本，如一篇万字长文或一段较长的文章。

2. 调用 ChatGPT 接口

使用 ChatGPT 的 API 接口，将需要概括的文本上传，并请求生成文本概括。

3. 获取生成结果

ChatGPT 将根据你提供的关键要点生成文本概括。API 将返

回生成的文本。

4. 鉴赏和修改

仔细阅读生成的文本概括，理解其中的内容和表达方式，并根据需要进行修改和优化。

用户提问

日前发布的《中共中央 国务院关于促进民营经济发展壮大的意见》提出一系列政策措施推动民营经济高质量发展。一个多月以来……（全文略）请对以上内容进行分条概括。

ChatGPT 回答

1. 中央和有关部门采取了一系列政策措施，以促进民营经济高质量发展。这些措施包括设立民营经济发展局，推动民间投资，加强中小企业发展，维护市场公平竞争等。

2. 国家发展改革委正在积极落实政策，包括向社会公开推介民间投资项目，设立中央预算内投资促进民间投资引导专项等工作。同时，各地也在探索创新，总结经验，以提升服务民营企业的工作水平。

3. 工业和信息化部、市场监管总局和全国工商联正在采取措施促进中小企业发展，包括培育专精特新中小企业，加强知识产权保护，开展创新型成长型民营企业赋能行动等，以提振民营企业的发展信心。

（注：以上内容由 ChatGPT 生成，未改动）

生成的摘要质量可能因文本的复杂性、对上下文的理解及模型的准确性而有所不同。因此，在使用 AIGC 工具进行文本概括时，我们需要对其输出的内容进行适当的审查和编辑优化，以确保准确传达原文的意思。

【让结构更好】

（1）精简句子结构，去掉冗余的词汇和语句，使句子更加简洁明了。

（2）突出重点内容，将重要的事实和观点放在前面，以便读者能够快速了解主要内容。

（3）调整文章结构，将相关段落进行整合，使文章更加有条理。

（4）加入标题和子标题，以便读者能够更快地了解每个段落的主题。

（5）适当加入引用和注释，以增强文章的可信度和权威性。

（6）对文章进行反复修改和润色，直到达到理想的效果。

6.1.2　针对不同需求进行内容改写

根据需求对文章内容进行改写是为了更好地满足特定目标、语境和受众的需求，以及确保语言的准确、清晰、简明，使文章具有说服力和可读性。

用户提问

太阳能是指从太阳辐射出来的能量，它是地球上最主要的一种能源……（其余内容略）请将这段内容改写成目标群体为小学生的科普知识，语言需要更加生动、直观、易懂。

ChatGPT 回答

太阳能是一个神奇而又实用的朋友，它来自太阳，为我们提供能源。通过太阳能电池板和集热器等朋友的帮助，我们可以将太阳的能量转化为电能和热能，让我们的生活更加美好。

太阳是一个超级大的恒星，它像一个大暖炉一样，不断地燃烧自己，为我们送来光和热。这些光和热通过太阳光线照射到地球上，让地球上的每一个生命都感受到温暖和光明。

太阳能电池板是一个神奇的朋友，它可以把太阳光线变成直流电，就像把大自然的糖果放进电盒子里一样。

太阳能不仅可以用来发电，还可以用来供暖、制冷、烧热水，等等。太阳能热水器是一个专门把太阳光的热能转化成热水的朋友。当太阳光线照到它身上时，它会感到非常温暖，然后把这份温暖传递给水，使水温升高。

太阳能有很多优点，它是一个可以持续利用的好朋友。它就像一个大自然的糖果，不仅味道好，而且不会造成环境污染。另外，它的运行成本低，不像其他能源一样需要很多燃料。它的寿命也很长哦，可以陪伴我们长达 20 年之久。

所以，太阳能是一个值得我们珍惜的好朋友，它给我们带来了清洁、可再生的能源。让我们一起关爱大自然，珍惜太阳能这个神奇而又实用的朋友吧！

（注：以上内容由 ChatGPT 生成，未改动）

这段改写把原本较为复杂和专业的科普知识以生动、直观、易懂的语言传达给小学生，并通过各种比喻，帮助小学生理解太阳能的工作原理和优点，既保持了科普知识的准确性，又充分考虑了小学生的理解能力和兴趣。

【让用词更妥】

（1）目标受众。了解文本改写后的目标受众是谁，如专业人士、普通读者或其他特定群体。

（2）关键信息。根据目标受众的需求和关注点，提取、强调文本中的关键信息和核心观点。

（3）文本结构。根据需求改变文本的结构和组织方式，如按时间顺序、重要性排列或按其他逻辑组织文本。

（4）简化表达。简化文本的表达方式，使用更通俗易懂的语言和词汇，避免过多地使用专业术语。

（5）调整篇幅。根据需求和场景，通过改写调整文本的篇幅，使其符合具体的出版或展示要求。

6.2　文本纠错：快速纠错并优化文稿

6.2.1　智能校对：自动检测并纠错

ChatGPT 工具可以自动检测并纠正文本中的错误，例如，它能检测到一些常见的语法和拼写错误。使用 ChatGPT 进行智能校对有多种方法和工具可以选择，其中一种比较常用的方法是使用智能识别工具。

用户提问

> 从 1979 年起，几个欧洲国家，包括德国、法国、加拿大和意大利，一直以来他们的相互汇率在欧洲货币体系（European Monetary Siystem，EMS）内保持稳定。通过 EMS 规则的允许，使这些国家的汇率能够以协议汇率或平价为中心发生小幅和有限的波动。请对这段文字进行智能校对，并

指出错处。

ChatGPT 回答

经过智能校对，发现这段文字存在以下错误。

1. 欧洲国家中包括"加拿大"，这可能是笔误或者错误，因为欧洲国家并不包括加拿大。

2. 欧洲货币体系（European Monetary Siysystem，EMS）的拼写错误，应该是 European Monetary System，而不是 European Monetary Siystem。

所以，修正后的句子应该是："从 1979 年起，几个欧洲国家，包括德国、法国、意大利和西班牙，一直以来它们的相互汇率在欧洲货币体系（European Monetary System，EMS）内保持稳定。通过 EMS 规则的允许，这些国家的汇率能够以协议汇率或平价为中心发生小幅和有限的波动。"

（注：以上内容由 ChatGPT 生成，未改动）

需要注意的是，ChatGPT 在纠错过程中可能会漏掉一些错误或提出不完全准确的建议。因此，需要人工对纠错结果进行审查和调整，以确保纠错的准确性。ChatGPT 的纠错操作通常是即时完成的，可以快速提供纠错结果，具体时间取决于文本的大小和复杂程度。

6.2.2　智能编辑：自动缩减、扩展与优化

提示词可以引导 ChatGPT 的理解和思考，使其能够更好地理解原始文本的内容和意图，从而进行更准确、更高效的编辑。

用户提问

> 即使以为自己的而社会责任感不强的前提下，我仍然在积极寻找着解决方案，以解决当前最为关注的环境保护问退。我深知必须从速采取行动，以防止日益严重的环境破坏问题，虽然这是一个极其艰巨的任务，但我对自己有信心，并相信我能够为实现这一目标而努力奋斗……（其余内容略）
>
> 请指出文段中的错别字、语法错误、用词不当及逻辑错误。

ChatGPT 回答

> 经过对文段的仔细阅读，发现以下内容需要修改。
>
> "即使以为自己的而社会责任感不强的前提下"这句话中，"以为"应改为"虽然"，因为这里需要一个转折连词来引导前后句的对比关系。另外，"前提下"应改为"情况下"，因为"前提下"是介词结构，不能作为主语。
>
> "我仍然在积极寻找着解决方案"这句话中，"着"应改为"的"，因为"寻找"和"解决方案"是动宾结构，需要

用"寻找……"的格式。

"以解决当前最为关注的环境保护问退"这句话中，"问退"应改为"问题"，因为这里是指环境保护方面需要解决的问题。

"我相信，只有通过各方的合作和努力，我们才能真正解决环境保护问题"这句话中，"各方的合作和努力"应改为"各方的合作与努力"，因为"与"是正确的连词，用于连接两个相关的名词或词组。

（注：以上内容由 ChatGPT 生成，未改动）

在使用 ChatGPT 进行智能编辑时，我们需要注意，ChatGPT 可能无法完全理解文本的意思，因此编辑结果可能并不准确或不适用于所有情况，需要人工根据具体情况进行调整和优化。同时，在编辑过程中，我们要确保文本的风格和语气与原始文本保持一致，避免出现不连贯的转换或风格不匹配的问题。

【让用词更妥】

（1）改写。请将这段文字改写为更加生动、形象的语言。

（2）缩写。请将这段文字缩写成更加简短、精炼的表述。

（3）总结。请总结这段文字的主要内容和要点。

（4）删除。请删除这段文字中无关紧要的内容，使文章更加

紧凑。

（5）添加。请在这段文字中加入相关的细节、例子或论证，使文章内容更加丰富、有力。

（6）语态转换。请将这段文字的语态转换为另一种语态，如主动语态和被动语态。

（7）词汇替换。请将这段文字中的某些词汇替换成同义词或近义词，以避免重复或单调。

（8）语法修正。请修正这段文字中的语法错误和拼写错误。

（9）逻辑梳理。请梳理这段文字的逻辑关系，使之更加清晰、有条理。

（10）文风调整。请调整这段文字的文风和语言风格，使之更加符合目标受众的需求。

6.2.3　高阶应用：ChatGPT 在专业论文领域的应用

在专业论文领域，ChatGPT 有许多独特的应用。它能够提供自然语言处理和文本生成功能，协助作者撰写高质量的论文和报告。另外，它还能够进行语法和拼写检查，提高论文的语言质量。专业论文领域的文本纠错和优化可以考虑以下策略和方法。

1. 专业词汇

提供专业领域的词汇和术语作为文本纠错的参考，帮助

ChatGPT 更好地理解和纠正专业论文中的错误。

用户提问

> 铁的密度为 9.9 克 / 立方厘米，有光泽的黄色金属，硬而有延展性，有很强的铁磁性，并有良好的可塑性和导热性。
>
> 请问这段话中有哪些错误？

ChatGPT 回答

> 这段话中存在以下错误。
>
> 铁的密度通常是 7.87 克 / 立方厘米，而不是 9.9 克 / 立方厘米。
>
> 铁是灰白色的，不是黄色的。
>
> "硬而有延展性" 这一描述有点矛盾，通常铁被认为是硬的而不是延展的。铁是一种脆性材料。
>
> 虽然铁有铁磁性，但并不是每种铁都表现出很强的铁磁性。铁磁性的强度可以因铁的类型和处理方式而有所不同。
>
> "有良好的可塑性" 这一描述可能不准确，因为铁的可塑性相对较低，它通常需要加热才能变得可塑。
>
> 铁的导热性是相对较高的，这一描述是准确的。
>
> 修正后的描述如下。
>
> 铁的密度为 7.87 克 / 立方厘米，是一种有光泽的灰白色

金属，具有较高的硬度和导热性。铁具有铁磁性，但其强度因种类和处理方式而异。虽然铁具有一定的可塑性，但通常需要加热才能加工成所需的形状。

（注：以上内容由 ChatGPT 生成，未改动）

2. 专业规范

遵守专业领域的规范和要求，如引用格式、文献注释等。ChatGPT 可以根据规范提供相应的修改建议。

3. 领域数据投喂

如果有专业领域的数据可用，我们可以将这些数据提供给 ChatGPT，以便它更好地理解和纠正专业论文中的错误。

4. 人工审查

在纠错和优化后，我们仍需进行全文通读和人工审查，以确保专业论文的准确性和严谨性。

通过以上策略和方法，我们可以在专业论文领域中更好地利用 ChatGPT 进行文本纠错和优化，提升论文的质量和可读性。

6.3　文本翻译：与任何人无障碍地沟通

6.3.1　翻译神器：翻译各种语言

AIGC 工具可以翻译各种语言，具体步骤如图 6-2 所示。

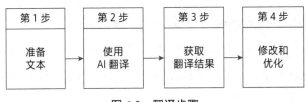

图 6-2　翻译步骤

1. 准备文本

提问者准备好需要翻译的文本。

2. 使用 AI 翻译

提问者将需要翻译的文本输入到翻译工具中，使用 AI 翻译系统进行翻译。

3. 获取翻译结果

AI 翻译系统自动将文本翻译成目标语言，并输出翻译结果。

用户提问

资料的可用性是指文件可以被查找、检索、呈现或理

解。请将这句话翻译成英语、法语、德语和韩语四种语言。

ChatGPT 回答

英语：The availability of information refers to the ability to locate, retrieve, present, or understand documents.

法 语：La disponibilité de l'information fait référence à la capacité de localiser, récupérer, présenter ou comprendre des documents.

德语：Die Verfügbarkeit von Informationen bezieht sich auf die Fähigkeit, Dokumente zu finden, abzurufen, zu präsentieren oder zu verstehen.

韩语：정보의 이용 가능성은 문서를 찾거나 검색하고，제시하거나 이해하는 능력을 의미합니다.

（注：以上内容由 ChatGPT 生成，未改动）

4. 修改和优化

提问者需仔细阅读翻译结果，理解其中的意思和表达并根据需要进行修改和优化。需要注意的是，虽然 AI 翻译系统能够提供快速且准确的翻译结果，但有时可能会出现一些误差或不完全准确的情况，建议进行人工复核，以确保翻译的准确性和流畅性。

6.3.2　语音识别：让任意两个人无障碍沟通

AI 语音识别和 AI 翻译可以实现使用现有人类语言的任意两个人之间的无障碍沟通与交流，但要确保准确性和适用性，仍需要人工的审查和调整。语音识别的具体步骤如图 6-3 所示。

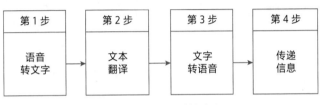

图 6-3　语音识别的步骤

1. 语音转文字

使用 AI 语音识别技术将一方的语音转换成文字。

2. 文本翻译

将转换得到的文字输入到翻译工具中进行翻译，并获得目标语言的文本。

3. 文字转语音

将翻译后的目标语言文本使用 AI 语音合成技术转换为语音。

4. 传递信息

将生成的语音传递给另一方，使其能够听到翻译后的信息。

通过这种方式，两个人之间可以进行无障碍的交流和沟通（见图 6-4），但需要注意，在实际应用中可能会存在一些技术限制和误差，因此建议在关键场景下进行人工复核，以确保沟通的准确性和流畅性。

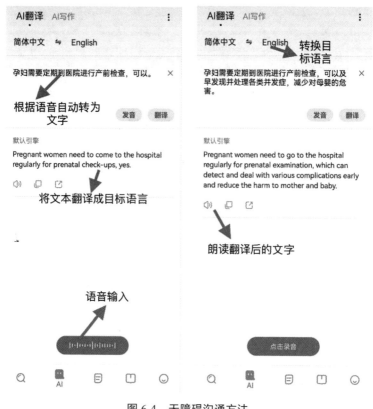

图 6-4　无障碍沟通方法